博報堂スピーチライターが教える

短くても伝わる文章のコツ

ひきたよしあき

かんき出版

はじめに

「君の文章、長いうえに、よくわからないなぁ」

わざとバサッと音をたて、机にレポートを置く上司。その音が、心に刺さります。

「要するに、言いたいことはなんなんだ」

と言われて、口頭で説明する。けれど、これがまた長い。説明しているうちに自分でも何を言っているのかわからなくなる。

腕を組んでいた上司が、「要点だけでいいから、明日までに書き直してこい」と、会議室を出ていきました。


「要点だけ……」

言われて読み返してみると、私の文章には「これだけはわかってほしい！」という部分がない。モヤッと言いたいことはある。しかし、どの一文も自信がなくて、最後に（笑）と書いてごまかしたくなるものばかり。

「これが要点だ！」という迫力に欠け、「これだけ書いたんだから勘弁してよ」と、長さで中身のなさをごまかしています。

「あぁ、短い言葉で、ズバッと言いたいことが書けたらなぁ」

これは先日久しぶりに会った教え子が語ってくれた、上司との会話です。

大学を卒業して4、5年。それぞれの企業でひとり立ちしはじめた教え子たちの悩みを聞くと、決まって文章の話になります。

学生時代のような悠長なレポートは読んでもらえない。LINEやツイッターのように、つぶやくだけではすまされない。見知らぬ不特定多数に、短い言葉で、わかりやすく伝えるにはどうしたらいいか。

あふれるばかりの情報と、限定された時間の中で伝えたいことを相手の記憶にとどめ、行動を促すには、何をどう書けばいいのか。

若い彼らは今、「要点」を探し、それを端的に表現する力を求められているのです。

私は30年余り、広告会社、博報堂でコピーやCMをつくる仕事に携わってきました。

1行で伝える。15秒、30秒で心と財布を揺り動かす仕事です。

さらに、政治家、企業や組織のトップなど、さまざまな得意先に代わってスピーチを書いています。

ここ10年は、明治大学をはじめ多くの大学で「言葉の持つ力」や「広告コミュニケーションについての講義をし、学生たちのレポートを採点してきました。

3年前からは「朝日小学生新聞」(朝日学生新聞社)で、小学生に向けたコラムも連載しています。

どの仕事も、やさしく、わかりやすく、さまざまな年代の人たちへ向けて文章を書くことが求められます。苦労も多く、失敗もずいぶん重ねてきました。それだけに先に書いた卒業生たちの「書けない!」と叫びたくなる気持ちもよくわかります。

短くても伝わる文章を書く。それを表現する力をつける。

若いビジネスパーソンのために、そんな本を書こうと思いました。

これまでにも「要点」をまとめるための本は、たくさん出ています。

しかし、その多くは、短くまとめた結果、つまらない文章になっています。正しいけれど、つまらない。機械的に短くするならば、今やＡＩにまかせたほうが正確な文章になる時代です。

しかし、つまらなければせっかく書いた文章を読んでもらうことはできません。

私たちが目指したいのは、「短くなっても、面白い。つい読んでみたくなる、人に話したくなるような文章」です。

願わくば、あなたの書いた文章を、会社の仲間が模範文として写している。そんなところまで、あなたの力を高めていきたい。

この力は、企画書や提案書、商品のＰＲ文、メール、就活のエントリーシートなどのビジネスシーンだけでなく、ＳＮＳへの投稿や手紙などプライベートでも大いに役立ちます。

本書は、第1章で、本や資料、会議の内容などの中から「要点」を見つけ、要約文にまとめるための、基本的な方法を紹介します。

第2章では、その要約文をわかりやすく文章に落とし込むスキルを学びます。

それだけでは終わりません。第3章では、ちょっとした工夫で、読み手の印象を劇的に変えるコツを身につけましょう。

さらに、第4章では、私が実践している、短くて読みやすい文章を書くためのトレーニング法も解説します。

第5章では企画書やメール、手紙、SNSなど、具体的なシーンに沿った書き方と心得を伝授します。

ぜひ、毎日の生活の中で活用してください。

「面白そうだな！」「できそうだな」と感じたところから読みはじめていただいてけっこうです。うまくいかなかったら、違う方法に挑戦してみてください。

スピーチ上手の小泉進次郎さんは、自らのスピーチを「枝葉を切って、幹を語る」と言っています。「幹」はまさに「要点」の部分です。

さらに小泉さんは、「政界の綾小路きみまろ」と呼ばれるほど、人の心をつかみ、揺さぶる力があります。「要点を面白く語る」、ひとつの理想形です。

この本を読めば、あなたにも「短くても伝わる文章」が書けるようになります。上司が「わかりやすい！」と膝を打つ、短くて、やさしくて、知的な文章を一緒に考えていきましょう。

２０１８年２月

ひきた　よしあき

短くても伝わる文章のコツ　もくじ

第1章

文章力は「要約力」で決まる！

第2章

わかりやすい文章の〃骨格〃をつくる

第3章

ちょっとした工夫で読み手の印象は劇的に変わる

第 4 章

スピーチライター流 文章力を磨くトレーニング

第5章

ケース別 相手の心を動かす文章の書き方

ブックデザイン　坂川朱音（ｋｒｒａｎ）
ＤＴＰ　野中　賢（株式会社システムタンク）

第1章

文章力は「要約力」で決まる！

要点から逃げると、文章は長くなる

トイレに、こんな張り紙がありました。

> ペーパーハンドタオルが床に置かれたままですと、誤ってほかの人がトイレに流してしまう詰まりにより使用ができなくなります。
> 次の方のためにも、皆様、ご協力をお願いします。

わかりにくい文章ですね。何を「ご協力」すればいいのでしょう。

なぜ、こういう表現になってしまうのでしょう。

「使用済みのペーパーハンドタオルは、所定のゴミ箱に捨ててください」と、簡潔に書けます。そのほうがずっとわかりやすいはずです。

これを書いた人も、はじめはそのつもりだったのでしょう。しかし、書き進むうちに「強い書き方をしてクレームがくると嫌だな」とか、「命令口調って苦手なんだよなぁ」という感情が湧いてきたのでしょう。

このように、いきなり書きはじめると気分や感情に支配され、文章にエクスキューズ（言い訳）が増えていきます。

さらに、「もっと詳しく説明したほうがいいのではないか」という迷いが生まれ、文章がどんどん長くなります。

まずは、「トイレにこの張り紙を掲示する目的」を書く。「使用済みペーパーハンドタオルを、ゴミ箱に捨てさせる」という要約文を書くことができれば、あとは文章を多少やわらかくしたり、状況を説明したりすればいいのです。

言いたいことから逃げ、要点をぼかすと、文章は長くなるのです。

ＳＮＳの発達とともに、誰もが文章で自分の考えを自由に発信できるようになりました。同時に、クレーム、仲間はずれ、炎上を恐れるあまり、はっきりと意見を述べることを避け、要点をわざとぼかす文章が激増しました。

相手に察してもらえる友だち同士なら、命令や行動を促すことを避けられるのかもしれません。しかし、ビジネスの世界は違います。文章を書く心がまえが違うのです。**ビジネス文書で大切なのは、相手にストレスを与えずに「どう動くべきか」という要点を伝えること。自分が不遜に見えるか、見えないかは二の次です。**

「ペーパーハンドタオルを、所定のゴミ箱に捨てる」という行動を促すことが文章を書く本来の目的なのです。

察してもらう文章を書かない

もうひとつの例を挙げます。

「本商品は、直射日光のあたる場所で保管すると、変色する恐れがあります」

よく見かける文章です。なんとなく「直射日光のあたらない場所に保管すればいいのだな」とわかります。しかし、「恐れがあります」という曖昧な表現では、保存場所を変えるべきなのかよくわかりません。相手に察してもらう文章は誤解を生みます。

ですから、相手に動いてほしいのなら、

「本商品は、直射日光を避けて保管してください」

と、強く指示する必要があります。間違いなく行動させる意志が大切なのです。

スピーチライターの仕事は、得意先のスピーチやコメントを書く仕事です。書かれたものは、私の文章ではなく、得意先の声にならなければいけません。

「言いたくないところ」をどう伝えるか。「腹の底にある気持ち」をどう押し出すかなど、相手の心を読むことが作業の大半を占めます。

得意先も、冒頭のトイレの張り紙のように、相手に断定的に、命令やお願いをする場面になると、どうしても「逃げたい」という心理が働き、状況説明でお茶を濁そうとします。

「こんなことを言ったら、上から目線と嫌われないか。クレームがこないか」という得意先の心配を払拭し、自分が納得できる文章で、相手を納得させる。

これにはテクニックだけでなく、強いメンタリティも必要となります。

長い時間をかけて相手の言いたいことをじっくり聞く。その中から要点を探しあて、論理立てて並べる。

それを得意先自身が納得し、同時に相手も納得させられる要点をついた短い文章にまとめていく。これがスピーチライターです。

人からの評価が怖くて文章が書けない。書くと「偉そうだ」と言われる。それを避けようと努力をするうちに、文章がどんどん長くなり、支離滅裂になっていく。

これを防ぐためには、本や書類、会議、商談の内容などの中から、要点を見つけ、正確に伝える「要約力」が必要になります。

要約力は、短くても伝わる文章を書くための根幹となる力なのです。

本章では、あなたの要約力を上げるための方法についてお伝えしていきます。

「1ページ・1ライン法」でエッセンスを絞り込む

それでは、要点を見つけ出し、要約文を書く方法を順に解説していきましょう。

まずやるべきことは、**文章を書く対象となる、本や資料から、要点となりうる部分を読み解くことです。**

広告会社がCMの企画・提案書をつくるとき、多くの場合は、得意先から商品名、開発の背景などが書かれた「オリエンシート」を提示されます。

得意先の意気込みが伝わる、詳細で分厚い資料です。しかし、15秒、30秒というかぎられた時間の中で、その情報をすべて取り入れたCMを制作しても、消費者にその商品のよさを伝えることはできません。

私たちは、オリエンシートの中から、最も大切な部分をえぐりとるために、何度も読み返し、要点にあたる部分を探しあてます。この力がなければ骨太の企画書は書けません。

ビジネスにおける読む力とは、要点を「探す力」なのです。気楽な読書気分では物事の核心をつかみ、提案書や企画書、レポートなどに落とし込むことは到底できません。

主観や個人的な興味は交じえることなく、核心の部分を探していく。そんな読む力をつける、簡単なコツを教えます。

1ページ・1ライン法

最初の方法は、大切な部分にアンダーラインを引くことです。

「それだけのこと?」と言われそうです。しかし、アンダーラインをうまく引けない人が非常に多いのです。

私は、小中学生に国語を教えています。長く教えているので、彼らの使っている教科書を見るだけで「この子は○○に合格する」と見当がつきます。

できる子の教科書は、肝心な部分にだけアンダーラインが引かれています。努力はしているのに、合格できない子の教科書は色とりどりのマーカーでびっしりと線が入っています。

最も肝心なところを発見する技術が、学力となって表れます。

この法則は、ビジネスの現場でも同じです。

周囲を見ても「こいつはデキる！」と誰もが思うビジネスパーソンの資料は、アンダーラインの引き方から違います。重要ポイントにのみにラインが引かれている人の発言は、大抵的を射ています。

では、読む力をつけるためには、アンダーラインをどう引くべきか。

本や書類にラインを引くときは、1ページに1カ所とする。

これだけです。これが「1ページ・1ライン法」です。

この原則を頭に置いて、必要のない部分をバンバン捨てながら読んでいく。

1回目の粗読みではラインは入れません。パラパラと全体を読み通したうえで、もう一度はじめから読んでいきます。

そのときに、1ページに1カ所を目安に大切なセンテンス、単語を探す。「ここだ！」と思った単語、または文章に短くラインを入れます。**そのページに核心がないと判断した場合は、ラインを引かなくてもかまいません。逆に「いくつもあるな」と思った場合でも、それらを比較しひとつに絞ります。**

本や資料にもよりますが、仕事に有益な箇所はせいぜい、文章全体の10％前後だと言われています。ポイントをつかみ読みするクセをつけ、捨てる覚悟を持って読み進みましょう。

選んだ言葉をこねくりまわせ

資料の最後のページまでラインを入れ終わったら、今度は力を抜いて客観的に眺めてみます。

時間や場所を変えてクールダウンするのも有効です。1ページに1ラインが引かれた資料を「パラパラマンガ」を見る要領で何度かめくります。

例えば、ＡＩに関する本を読んでいたとします。「知性の爆発的進化」「頭は悪いが働き者の配偶者」「記憶と作業はできるが思考はできない」「リスクは人が使い方を誤ること」（『２０５０年の技術 英「エコノミスト」誌は予測する』英「エコノミスト」編集部著・土方奈美訳・文藝春秋）といった箇所に、あなたはラインを引きました。

本の内容を思い出しながら、ラインを引いた言葉同士をひとつにまとめたり、分解したりします。「思考ができない働き者の使い方を間違えたら、たしかにリスクは増えるよね」とか「最も大切なのは我々が使い方を誤らないことじゃないか」などとこねくりまわす。

ルールはありません。自由に、自分が選び出した重要な言葉をこねているうちに、「はは ん、作者の核心はこれか」と思う一点が見つかるはずです。

見つからなくても落ち込まないでください。本から知識を得るだけでなく、本の内容を題材に、脳を活性化することが大切なのですから。

ちなみに、私は線を引くとき、昔なつかしい「赤鉛筆」を使っています。これまでマーカーや各種ボールペンなどいろいろ試してきました。しかし、コントラストがつきすぎて、全文を読み返しにくくなります。

また、色によって「重要」とか「面白い点」などを分ける方法もあります。でも、私はおすすめしません。「ここは重要だから赤だな」なんて考えると、思考が止まり、「読む」という行為が散漫になってしまうからです。

こうして本や資料から重要なセンテンスを抜き出し、頭の中でこねくりまわすことで、本に書かれた知識を得る以上に、自分で考える力がつきます。

たくさんラインを引いてしまうと、あっちとこっちをくっつけたり、分解して考えたりすることができなくて、ただの読書に終わってしまいます。

読むことは探すこと。

そして考えることなのです。

文章の密度を高める「3つの中のベストワン」

本や資料の中から重要と思われる文章にラインを入れました。さらに頭の中でこねくりまわし、自分の頭で考えてもみました。

これを繰り返していると、選んだ文章の中でも大切なものと、いらないものとに分かれるはずです。

その中から最も重要と思われる3つを選んでみましょう。

「3」が文章を書くうえで大切な数字だということは、あなたもご存じでしょう。

「1」は絶対の数。ひとつの意見では強い自己主張にしか見えません。

「2」は正誤や陰陽のように、対立した概念を示すときによく用いられます。

「3」は、「調和の数字」と呼ばれており、人を納得させる力があります。試験問題に「3択」が多いのもそのためです。

また、これ以上の数字は人の記憶に残りにくくなってしまいます。

2005年、米スタンフォード大学で行われたスティーブ・ジョブズの「伝説のスピーチ」は、「点と点をつなぐ」「愛と喪失」「死」という3つのテーマで語られました。

非常にわかりやすく、記憶に残る内容でした。

私は、大学生のころから要点を3つに絞る訓練を受けてきました。

携わっていた文芸誌、第8次「早稲田文学」の編集作業では、投稿されてくる原稿を読み、いいと思ったポイントを3つ書き出しました。公募の原稿は、プロの作品と違い、話が前後したり、突然意味が飛んだりします。

それでも、とにかく3ついいところを見つけます。この作業を通じて、今でも本を読むと裏表紙に、役に立ったポイントを3つ箇条書きにしています。

同じ学生時代、NHKの「クイズ面白ゼミナール」という番組の制作をお手伝いしていました。

具体的には、番組内で出題されるクイズをつくっていたのですが、当時のＮＨＫでは「三文献一系統」といって、３つの文献資料とひとりの有識者の声をそろえなければ、資料不足でボツになりました。

インターネットもない時代に３つの文献をそろえるのは至難の業。そのおかげで私は、大学生活の大半をＮＨＫの図書室で過ごすことになりました。

この２つの体験が、私の知的作業の礎になりました。いずれも「３」がポイントでした。

３つの中のベストワン

パラパラと選び出された要点を３つに絞り込む。これだけなら多くの「ハウツー本」に書かれています。しかし、大切なのはその先です。

３つを比較検討すること。

そして、その中から最も重要なベストワンを選び出すこと。

ここでも、バッサリと切り捨てる覚悟が必要です。

この方法が効果を生んだ小学生の授業を紹介します。

東京郊外の小学3年生に向けた授業でした。テーマは「オリンピックにやってきた海外の人に東京を案内する」。

私は、子どもたちに「案内したい場所を3つ選びなさい。それを比較検討して、いちばん連れていきたい場所を書きなさい」と指示しました。効果は的面でした。

ある女の子は、「東京タワー・東京スカイツリー・浅草寺」を選び、こんな文章を書きました。

私はスカイツリーに連れていきたいです。東京タワーより高いので東京全体が見渡せます。浅草寺にも近いので、帰りに浅草寺にいけます。
エレベーターがガラス張りなのでスリルがあって面白いです。展望台では写真を撮る場所がたくさんあるので思い出を残せます。

もし彼女が、東京スカイツリーを「東京タワー」「浅草寺」と比較検討していなければ、この文章は書けなかったでしょう。

3つの中からベストワンを選ぶことで、残りの2つがベストワンの理由を肉づけする材料になってくれるのです。

この方法は、ビジネスでも十分に効果を発揮してくれるでしょう。

どんなに分厚い本や資料でも、重要と思われるものを3つに絞る。

その中から要点をひとつに絞るとき、「なぜこれが最も大切なポイントなのか」「どこがほかの2つよりも重要なのか」「これを最重要としたところで、全体を見渡すことができるのか」などと考えることができます。

「重要なことはこれだけ！」と比較もなしに選んだ要点は、どこかひとりよがりになりがちです。

「この2つも検討したのですが、ここが最も重要だと結論づけました」と書くことで、説得力が増していくのです。

本音と建て前を見抜く「ジキル文」と「ハイド文」

1ページから1カ所、要点を探す。
それを3つに絞り、その中からベストワンを探す。
これらの作業を行うだけで、読む力と書く力は、間違いなくつくはずです。
しかし、これだけでは不十分。

なぜなら、文章には人間の心理がからんでくるからです。

ビジネスは、人と人とが行うもの。資料に書かれている文面には、たくさんの「本音」と「建て前」が見え隠れしています。

スピーチライターは、人の話をこんなふうに聞いています。

「あぁ、これは建て前だなぁ。誰かに言わされているなぁ」「この部分は、たんなる自慢だ。それもかなり話を盛っているな」「今のひと言は本音だ。声が変わった。間が長かった」などと、内容と合わせて語り手の心のうちを読みながら聞いているのです。

本や資料を読むときも同じ。

立派な建て前がある。大義名分がある。公式の発表がある。

これに対して、ため息交じりに書いた本音、深く突っ込んでほしくない部分、本当はこうしたいという願望、欲望も行間に表われているのです。

文章は、人間が書くものです。明るく書いたつもりでも、暗い影を帯びた文章が交じる。飽き性ならば、はじめは詳しいけれど、半分をすぎると大雑把になる。

あなたも経験があるでしょう。フェイスブックやツイッターの文面を見ただけで、「これは半分、嘘だな」と感じてしまうことが。文章には人柄がにじむものなのです。

本や資料から要点を探すとき、読み落とすことができないのは、「本音」と「建て前」です。これは、一見微差に見えますが、見誤ると大失敗につながり

かねません。

ビジネスの現場では、相手の心を深く読めるかどうかで成功の確率が大きく変わります。

与えられた資料を読むとき、会議などで発言者の話を聞くとき、「本音」と「建て前」をしっかり分けて見聞きする力をつけてください。

「ジキル文」と「ハイド文」

私は、二重人格を題材にした、ロバート・ルイス・スティーブソンの小説『ジキル博士とハイド氏』にならって、建て前を「ジキル文」、本音を「ハイド文」と分けるようにしています。

善良なジキル博士は、あくまでも「建て前」。時に明るい未来を語り、歴史に残る功績を讃え、真摯な姿勢を前面に押し出しています。

もちろん、「ジキル文」から要点を削り出すことも大切です。しかし、それだけでは足りません。

「○○等」と、語尾をあやふやにしている箇所、「すみやかに検討します」と具体的な時間を明らかにしていない部分、「じつを言えば」「正直なところ」「本当は」と、本音を吐露しようとしているところ。

こうして本性を現した「ハイド文」こそ、力を入れて読んだり、聞いたりすべきなのです。

人から愛される文章は、この「ジキル文」と「ハイド文」のさじ加減によって決まります。

「あぁ、この人は本当のことを言っている」と思わせる文章は、「ハイド文」のコントロールが上手いのです。

それを身につけるためにも、本や資料、直接話す人の言葉から、「本音」と「建て前」を嗅ぎ分けていきましょう。

ひとつ例を挙げましょう。2016年、オバマ前アメリカ大統領が広島でスピーチをしました。その冒頭は、次の一文からはじまりました。

「71年前の明るく晴れ渡った朝、空から死神が舞い降り、世界は一変した」

美しい叙事詩のようです。

しかし本音は、その原爆を落とした国がアメリカであることを語りたくなかったのでしょう。

言いたくないこと、言えないことを語らずに、世界の人を感動させる。天才スピーチライター、ベン・ローズ前大統領副補佐官の才能が遺憾なく発揮された「ハイド文」です。

もちろん、「ハイド文」は文学的な表現だけではありません。

例えば、「圧倒的に」「加速度的に」「100%」「絶対に」「必ず」など、威勢のいい言葉がちりばめられた文章があります。

文章を読むときには、こうした飾り言葉を塗りつぶしてから読んでみてください。 一転して「できていない」「決まっていない」「進んでいない」といった部分が浮き彫りになります。

うまくいっていないことを隠したい「ハイドの気持ち」が、こうした偽りの威勢のよさになって出てくるのです。

ＬＩＮＥのつぶやきから、テレビのニュース、新聞、商談での会話、上司から言われた言葉、同僚のひと言……。

これらに接したとき、相手が「こう伝えたい」と思っている「ジキル文」と、「隠しておきたい」「本音はこれだよ」と、行間ににじむ「ハイド文」を意識するようにする。

人の心の奥底をくみ取って要約文にまとめることで「短くても伝わる文章」になるのです。

また、文章の背後にある相手の気持ちを知ることで、ビジネスコミュニケーションを効率よく、有利に進めることもできるようになります。

これを続けていれば、世の中の見え方も変わってくるはずです。

要約文は40字にまとめる

ここまで、本や資料など、文章に落とし込む対象の中から、「要点」を見つけ出すプロセスについてお伝えしてきました。それをもとに実際に要約文を書いてみましょう。

要約文は、原稿用紙で2行。つまり40字以内にまとめます。

「そんなに短くするの？」と、あなたは驚くかもしれません。

じつはこの分量が、人間がひと目で理解できる、読んでも「わかりやすい」と感じる限界なのです。

50字、60字になると、もう長い。一度で頭に入る分量が40字程度なのです。

２０２０年度からの大学入試改革に向けて、今の小学生たちは40字要約の訓練をはじめています。あなたも彼らに負けるわけにはいきません。

「浦島太郎」の冒頭を口ずさむ

40字に要約するには、もうひとつわけがあります。それは、文字量と時間との関係です。４００字詰め原稿用紙1枚。そこに全部ひらがなで書いた文章をアナウンサーが読むと、約1分になります。

例えば、童謡「浦島太郎」を普通に書くと、

「昔々、うらしまは、助けた亀に連れられて、竜宮城へきてみれば、絵にも描けない美しさ」

とちょうど40字。これをひらがなで書けば、

「むかしむかしうらしまはたすけたかめにつれられてりゅうぐうじょうへきてみればえにもかけないうつくしさ」

と49文字。ゆっくり読んでも10秒程度で語れる分量です。

漢字を含む40字にまとめる力がつけば、「この本って何が書いてあるの？」と尋ねられ、口頭で説明しなければならないときも、10秒程度で要点をサッと答えることができます。

これくらいの分量で意見を述べることができれば、短くても伝わる言葉を語る人だと思われるでしょう。

文章だけでなく、話すときにも効果を発揮するのが「40字」なのです。

なんでも40字にまとめてみよう

あなたにも経験があるでしょう。苦労して１００字程度の文章にまとめたものの、帯に短したすきに長し。単語とセンテンスがつぎはぎされているだけで、あとで読むとまったく役に立たない。

それは、１００字ではまだ無駄な枝葉がついているから。口頭で１００字を説明しようとすれば、けっこうな分量になり、まとまっていない印象を与えてしまいます。

もちろん、本の内容によっては、カタカナ英語などが入って40字にまとめるのが難しい場合もあるでしょう。しかしそんなときも、カタカナ英語をそのまま記すのではなく、「短い日本語に直すとどんな言葉になるかな」と考えるようにしてください。

40字というモノサシを念頭に、なるべくその枠に入るように工夫するのです。

例えば、結婚式でのスピーチを40字にまとめると、

「新郎の高校時代は野球の二塁手。小まめに走り、目端が利いた。仕事の礎をここで築いた」

『走れメロス』を40字に要約します。

「メロスは一度挫折し、心で友を裏切った。しかし立ち直り、責任を全うして勇者となった」

「未来観測」という講演を聞いた際にまとめた40字。

「人生１００年の時代が到来するが、ＡＩの進化で仕事の60％が消える。常識は通用しない」

カタカナ語はできるかぎり漢字にする。無駄な修飾語、句読点は打たない。コツは二部構成で、前半で状況を説明し、後半で結論を述べること。

私は、広告文もまず40字に要約しています。

「皮脂汚れが驚くほどよく落ちる。お父さんのシャツ、お子さんの体操着はこれで洗って！」

「そんなにうまくまとめられないよ！」と嘆くあなたに、私が長年やっているトレーニング法を教えます。

私は「コピーノート」という、原稿枠のノートを長年愛用しています。その2行を

●要約文を書いたコピーノート

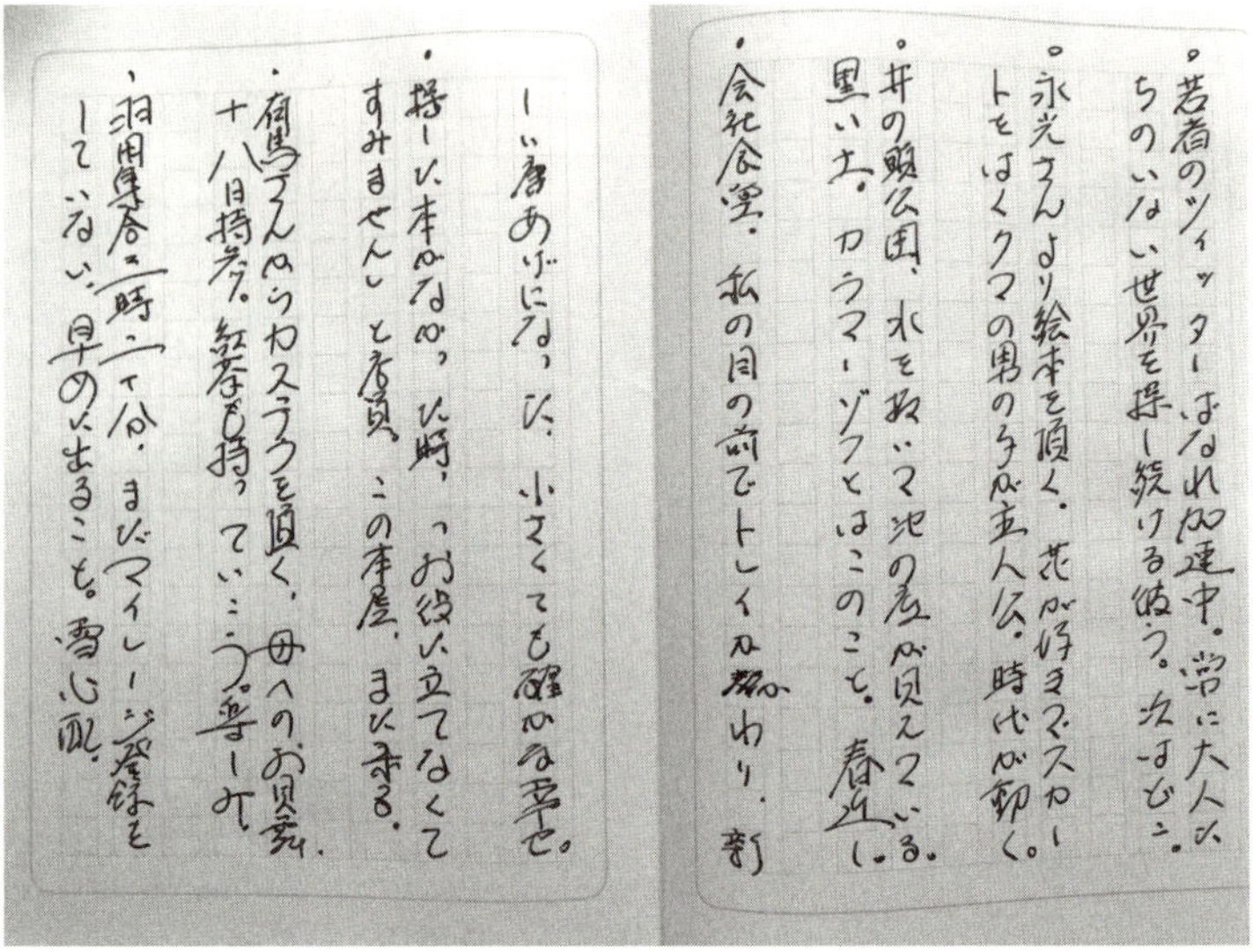

使って、本や資料、会議の内容はもちろん、会食の席での話、学生から相談されたこと、タクシー運転手さんとの会話などを書き込んでいます。

ありとあらゆることを40字以内にまとめています。

ほとんど日記がわりです。仕事とプライベートに分ける必要はありません。テレビを見ているときでも、「面白いな」と思ったら、原稿用紙2行にまとめておきます。これを習慣化することで、要約文を書く力がついていくのです。

吹き出しで「気分」を残す

青空に浮かぶ雲のように、吹き出しに書かれたつぶやきが、ぽっと浮き出るＬＩＮＥ。文章を書くというよりは、話し言葉で「気分」を残している感じです。電話のように相手の時間に割り込まずにすみます。スタンプを使えば、ニュアンスだけでコミュニケーションがはかれます。

「時間」と「人」と「場の空気」を読むのを大切にする日本で、ＬＩＮＥがコミュニケーションツールの主力になっているのもうなずけます。

物事を要約するにあたり、ＬＩＮＥのような「吹き出し」を使って、驚き、笑い、悲しみ、怒りなどの「気分」を残しておくと、文章が生き生きとしてきます。

例えば、あなたが誰かの講演を聴いているとします。はじめて聴く内容にうなずいたり、驚いたりします。

そのときの気持ちに合わせて、「吹き出し」を大きくしたり、小さくしたりする。

重要な発言は太い吹き出しにしたり、劇画調のタッチで重要度を表したりします。講演者の本音がちらりと出たら、スヌーピーの「吹き出し」のように、楕円を重ねて「心の思い」を書いてみる。

怒っているところは、トゲトゲしく書くこともできます。これらの吹き出しをあとで読み返すと、文章だけでメモをしたときより、ありありと講演内容を思い出すことができます。

「吹き出し」ノート術

立教大学で、学生が私の語った講義ノートを見せてくれました。ほとんどが「吹き出し」で書かれていました。ところどころオリジナルキャラクターらしきものが、驚いたり、すねたりしています。

●立教大学「ホスピタリティ・マネジメント研究会」の講義で学生が書いたノート

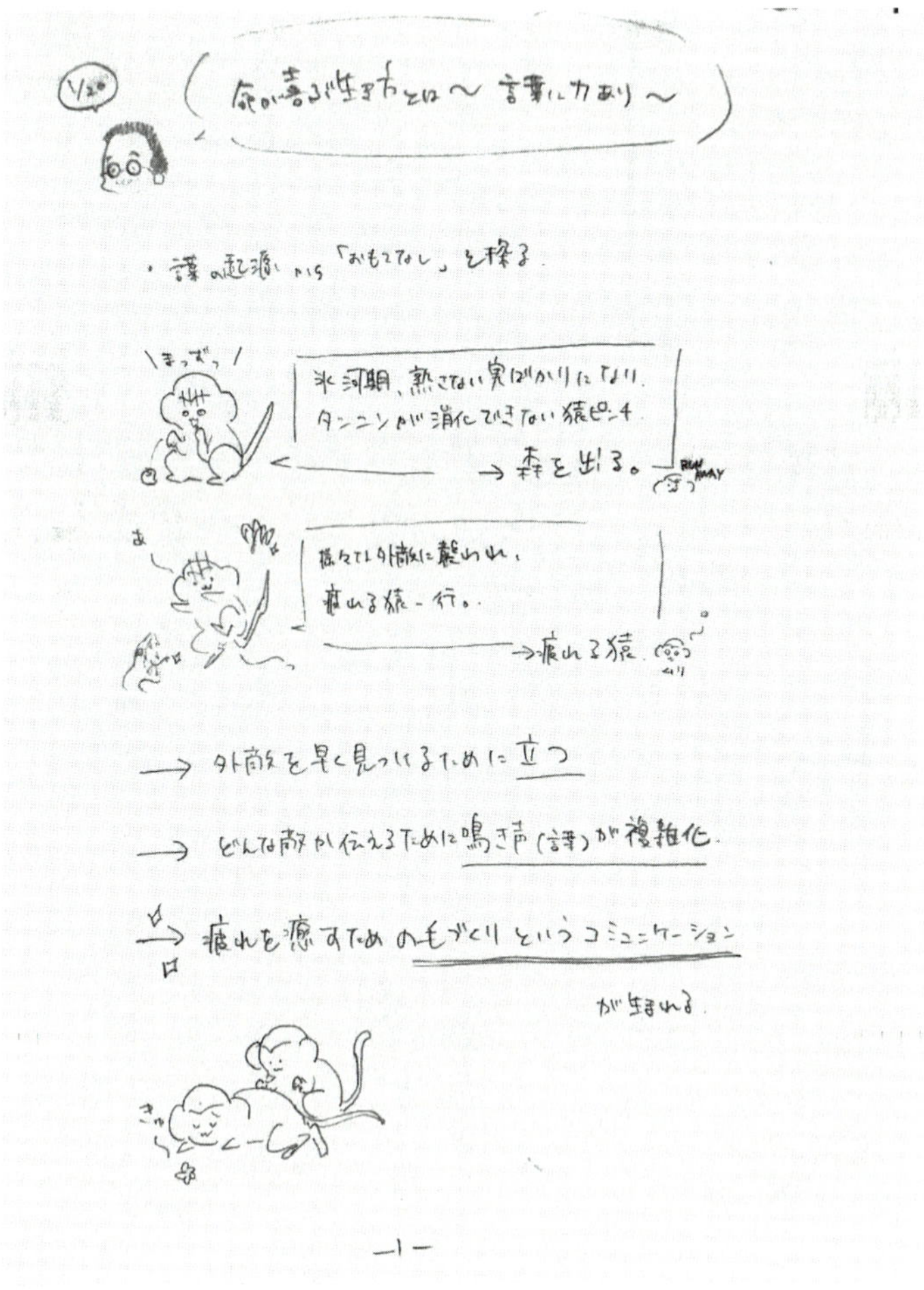

「まじめにやれ！」と言いたくなりましたが、よく見ると私の講義内容をじつにうまくまとめているのです。

私が強調した箇所は、吹き出しに入れられ、余談で「サルの生態」について話したら、毛づくろいするサルが描かれました。

まるで、ＬＩＮＥの「吹き出し」と「スタンプ」でつくられたノート。それを見ながら、若い学生の「要約力」に感心しました。

「吹き出し言葉」で社会が動く

私が広告会社で働きはじめたころは、絵コンテの制作はすべて手描きで、ＣＭのセリフやナレーションはすべて「吹き出し」の中に書いていました。

文学好きだった私の言葉は、「書き言葉」の色合いが濃くて、重い。先輩から、手帳にスケジュールを書き込むのも、メモをとるのも吹き出しの中に軽い文章で書けと教えられました。これはいい勉強になりました。

演説で数多くの人々を魅了した小泉純一郎元総理の言葉は、「痛みに耐えて、よくがんばった。感動した」「自民党をぶっ壊す」と「吹き出し」がよく似合います。
短く、強く、リズムがあり、〝マンガ的〟な単語を選んでいます。その場の状況を、見事に要点化しています。

トランプ大統領の「ツイッター」発言、小泉進次郎氏の演説。今の政治を見ても、書き言葉で構成された長い演説は影を潜め、ポンポンと短い言葉を連ねていく「吹き出し」演説に注目が集まっています。

まるで、吹き出し言葉で人の心が動き、社会までもが動いているかのようです。

文章の伝わりやすさをネット翻訳でたしかめる

ネット翻訳の進化によって、簡単な日本語なら瞬時に英訳できるようになりました。この機能を使って、文章のわかりやすさをチェックする人も増えています。

例えば、20ページで書いた「本商品は、直射日光にあたる場所で保管すると、変色する恐れがあります」という注意書きをネットで翻訳してみましょう。

This product, when stored in a location corresponding to direct sunlight, there is a risk of discoloration.

英語にしてみると、「直射日光を避ける」というニュアンスはまったく入りません。要点からずれていることがよくわかります。

では、「本商品は、直射日光を避けて保管してください」はどうでしょう。

This product, please save to avoid direct sunlight.

これなら、どんな行動を起こせばいいのか、誰でも理解できます。

ビジネスだけでなく、文章もボーダレス化している

言葉がボーダレス化していく中で生き残っていくには、「ネット翻訳」にも堪えうるほど明快で簡潔で、誰もが間違いなく行動できる文章を書く必要があります。

かっこいい文章とか、膝を打つような言いまわしなどの「文才」は、ここではまったく関係ありません。

「これを伝えたい」という要約文がしっかりと書けること。

その文章をネット翻訳したとき、相手に「何をどうすればいいのか」がわかるようになっていること。

ネット翻訳の精度が加速するこれからは、意識しなければいけないスキルです。

ちなみに、インスタグラムで世界中から、「いいね！」を押される人が写真に添える一文は、ネット翻訳に堪えるわかりやすい言葉が多いそうです。

的確な要約文になっているからこそ、世界の人々に伝わるのでしょう。

なんでもタイトルをつけてみる

「しけ会」「魂は自由の会」「勝ちどき会」「ＤＤＩ」、私の手帳には、こんなタイトルが並びます。すべて「飲み会グループ」の名前です。

「愚痴や悪口はやめようよ。最後に『しけた話だよね』と言って笑える話をしよう」仲間のひとりが言ったこのひと言で生まれた「しけ会」。10人前後の仲間で、20年に及ぶつき合いが続いています。

「どうでもいいことでも話せる仲間でいよう」とはじまった、「ＤＤＩ（どうでもいいの頭文字）」も5年近いつき合いです。

「名前」や「タイトル（題名）」には、魔力があります。

名前がなければ、不特定多数が集まった、ただの飲み会メンバーで終わり。しかし、名前がついた瞬間に、グループ化し、継続力が生まれ、忠誠心が育ちます。特長のある集団ができあがります。

これは「ブランド」という言葉の由来によく似ています。ブランドとは「焼きごて」という意味です。

放牧されていた牛のお尻に、焼きごてで「ジョン」と飼い主の名前を押しつける。この瞬間から、ただの牛が「ジョンさんの牛」に変わります。

土から採れた大根に、スーパーマーケットのラベルを貼る。このときから大根は、「○○スーパーの商品」になります。

的確な名前やタイトルがつけば、誰のものかがすぐわかり、情報伝達がはやくなる。要点化がいっきに進みます。

広告会社には、モノに名前をつける名人がたくさんいます。

絵コンテを描くには、使い続けて少しかすれてきたサインペンが必要だと訴えるデザイナー。

彼は、そのペンに「かすみちゃん」という名前をつけていました。紛れてしまえば、どれも同じようなペン。しかし、一度名前をつけてしまえば、現役のペンか「かすみちゃん」かは、部下でも判断できました。

ある友人宅へ遊びにいきました。駅から長い一直線の道を歩きます。周囲には田んぼがあって、空がやけに広く感じられます。

「毎日ここを歩いて通勤するのって、大変だろう」と言うと、「この道は、〝青空への滑走路〟っていうんだ。ここをまっすぐ歩いていくと、今日1日、飛べるような気分になるんだ」と彼は答えました。

それを聞いたとたん、なんの変哲もない田舎道が、空に続く滑走路のように見えるから不思議です。まさに、名前の力です。

名前をつけることは「要約力」を磨くこと

短くても伝わる文章を書く秘訣は、こうした名前やタイトルをつける力を磨くことです。

トヨタ自動車の「カンバン方式」「見える化」「5つのWHY」などは、世界をうならせた見事なネーミングです。

「バブル経済」「アベノミクス」などの政治経済用語も新聞社が生んだ傑作でしょう。

スピーチライターの仕事で思うのは、名経営者には「タイトルづけ」「ネーミング」の名人が多いことです。

サントリーの創業者、鳥井信治郎《とりいしんじろう》氏が語った「やってみなはれ」をはじめ、理想、哲学、精神を短い言葉で的確に述べる人がたくさんいます。

誰をも圧倒するパワーワードを発することができる。それが一流の証なのです。

企業規模、有名無名を問わず、見事な要約力をもって語る人が、人の心をつかむ経営者なのでしょう。

彼らから学ぶ方法はいくらでもあります。

著名な経営者の著作、名言集はいくらでも手に入ります。それを熟読します。

本の中には、その経営者独特の言いまわしやタイトルづけが出てきます。

それを書き写すと、人の心を揺さぶる要点が見えてきます。

また、さまざまな企業のウェブサイトを見ると、「社長の言葉」があります。それを読むと、ユニークなタイトルやその会社ならではのネーミングが出てきます。

少しでも早く、的確に、自社のありようを伝えたいという思いが込もっています。

これらを参考にしながら、これから書こうとしている文章に名前をつけてください。

さらに、今参加している仕事やプロジェクトに名前をつけたり、目標達成までの道のりに「作戦名」をつけてみてもいいでしょう。

漫然と、ありきたりの言葉で説明するのに比べて、伝わる力が増すはずです。

column

万年筆で、生き方が変わる

万年筆に魅せられたのは、小学校3年生のときでした。当時流行していた、軸が伸び縮みする「パイロット・エリート」。あのころの小学生で、高額な万年筆を持っていたのは稀でしょう。うれしくて、うれしくて、暇さえあれば自分の名前を書き、手紙を書き、日記を綴っていました。万年筆を持っている。だから文章もうまくなければいけない。ブルー軸のペンに誘われて、本を読みはじめ、作文を書く楽しさを覚えていったのです。

酷使したペンは、高校に入るころに壊れてしまいました。インクが漏れ、書けなくなってしまったのです。

ちょうど、母が海外旅行に出かけるときで、「この万年筆を買ってきてほしい」と頼みました。モンブランの最高峰です。

母はカタログを見るなり「高い。高校生には早すぎる」と文句。しかし、横で新聞を読みながらやりとりを聞いていた父が、「ほかならぬ万年筆がほしいと言っているのだ。買ってきてやれ」と母を諌《いさ》めたのでした。

手にしたペンで、つまらない小説を書き、詩を書き、ラブレターを書きました。

勉強もほとんど万年筆。浪人した1年間は、空になったブルーのインク瓶を机に並べるほど書きました。

早稲田大学法学部に入る。第8次「早稲田文学」で活動する。NHK「クイズ面白ゼミナール」でクイズをつくる。博報堂に入社する。制作マンになる。スピーチライターになる。

こうした過程のすべてを私はずっとモンブランとともに過ごしてきました。

万年筆は、ほかの筆記具とはまったく違います。

自分の好きな角度、筆圧、強弱、緩急で金属を紙に擦りつけているうちに、その人に合ったペンになっていくのです。半年、1年と書き続ければ、握っただけでヌラヌラとしたインクが出るようになります。

やがて自分と万年筆の一体化がはじまる。身体に流れる命は赤い血で構成されているけれど、外に出ていく命は、まるで「青い血」となって出ていく感覚になっていきます。

手元にないと不安でしかたない。私はいまだに寝るときにベッドの横に万年筆を置いています。

これが私の半生です。時代も違いますし、あなたの感性とは合わないこともあるでしょう。しかし、もしあなたが若くて、これから「自分らしい文章」を書きたいと願うのであるならば、万年筆への投資はけっして高いものではありません。

3万円も出せば「万年」もの間、あなたに寄り添い、「青い血」を流してくれるのですから。

万年筆を選ぶ際には、必ず試し書きをすること。

同じものでも書き味に個体差があります。ものによって書き味が全部違うと思ってまず間違いありません。気に入った万年筆を何本も試してみてください。

書く紙は、店に備えつけてあるものではなく、あなたが日ごろ使っているノートや手帳を必ず用意してください。店頭では、わざと滑らかに書ける紙を用意している場合があります。自分の紙で、裏写りの度合いやにじみ、ペン先への抵抗などをたしかめてください。

試し書きのときは、「永」という字を書きます。漢字のトメやハライがすべて含まれている字なので書き心地をまんべんなく試せます。

もうひとつは「自分の名前」です。一生のうちでいちばん書くことの多い文字を、ゆっくりていねいに書く、すばやく緩急をつけて書く。

縦書きにする。横に書く。英字で書いてみる。文字を眺め、最も美しい字を書ける万年筆は、必ずあなたのいい相棒になるはずです。

今ではかなり珍しい万年筆まで保有するようになりました。

買った当時の何倍もの値段になったものもあります。しかし万年筆にとっていちばん大切なのは値段ではありません。

自分の思いが、スムーズに文字になって出ていくこと。

そしてそこに書かれた文字が、上手い下手ではなく、今の自分を最もよく表した字であることが価値のモノサシです。

この本は、文章の要約ポイントを見つけ、それをいかにすばやく、要領よくまとめるかを主軸にして書いています。

正直なところ私は、そのための最も早い方法が、ちょっと背伸びをするくらいの値段の万年筆を手に入れることだと思っています。

大商いの契約書を、婚姻届けや出生届けを、ビジネスを賭けた依頼文、詫び状、そして感謝状を書く際の万年筆を、ぜひあなたの胸に。

生き方が変わります。

第2章

わかりやすい文章の〝骨格〟をつくる

「方向指示器」をつけながら、いっきに書く

第1章では、「短くても伝わる文章」の骨格となる要点の見つけ方と、要約文の書き方についてお伝えしてきました。

第2章では、それをもとに実際の文章を書くためのコツを紹介していきます。

いっきに書いて、大幅に削る。これが中身の詰まった文章を書く極意です。

私が「朝日小学生新聞」に連載しているコラム「大勢の中のあなたへ」の文字数は550字前後。

これを書くために、大抵1200字近い文章をいっきに書き上げます。集めてきた材料、自分の思い、子どもたちに残したいパンチワードを全部書く。うろ覚えの部分には「※」をつけて、調べるのは後まわし。

「もう頭の中には何も残っていない」と思えるところまで書いてみると、大抵は決められた文字数の倍近い分量になります。

この時点での完成度は、高くありません。思いついた順番に書いただけですから、カオスな状態です。

声に出して読んでみると、「あ、ここは必要なかったな」とすぐ気づく。「せっかく調べたのにもったいない」というケチくさい根性で書かれている部分も多々あります。

それでもかまいません。頭にあることを一度全部書き出してしまいましょう。

「接続詞」は方向指示器

そのときに意識してほしいことがあります。

意識的に「接続詞」をつけることです。

「しかし」「つまり」などの「接続詞」は、文章の方向指示器。どちらの方向に進んでいるかを示すシグナルです。

あとで読み返すとき、「接続詞」を意識して使っていれば、どこをどう曲がったのかがわかりやすくなります。

小学生から大学生までの作文、論文の採点をするとき、「例えば」「なぜなら」「さらに」などの接続詞の誤りに悩まされます。

「例えば」のあとに例がこない。「なぜなら」ときて説明がない。「さらに」のあとに、何ひとつつけ足されていない。

「接続詞」の役割を理解していない文章があまりに多いのです。

「接続詞」を学ぶのは、小学校の4、5年生からです。

『ごんぎつね』(新美南吉・接続詞18)、『注文の多い料理店』(宮沢賢治・接続詞37)など、適切な順接、逆接が含まれる文章を読んで自然に身につくのが理想です。

しかし、このころに「接続詞に注意して読んでごらん」なんて教えてくれる大人はほとんどいないのが実情でしょう。

「また」と「それから」。「なぜなら」と「つまり」。「一方」と「それに対して」などを、なんとなく使っていた。そのまま大人になって「文章がわかりにくいと言われる」

と悩んでいる。そんな人がじつに多いのです。

いっきに書くために、「接続詞」を有効活用する。そのポイントを教えます。

「接続詞」を使うコツは、「〝が〟禁止」と「定型文」

接続詞を上手に使うコツ。それは、「〝が〟禁止」と「定型文」を覚えることです。

まずは、文章を長く、わかりづらくする「〝が〟禁止」から説明しましょう。

「あまり時間がないですが、挑戦してみます」などと、簡単に「〜が」でつなげてしまうことを禁止とします。

「あまり時間がありません。**でも**挑戦してみます」
「あまり時間がありません。**だから**挑戦してみます」
「あまり時間がありません。**それゆえ**挑戦してみます」

接続する言葉を換えるだけで、あなたの挑戦する本意がより伝わるようになります。

自分の文章を読んで「〜が」と書いてある箇所があったら、文章を2つに切って、適切な接続詞を探すようにしましょう。文章が冗長になるのを抑えることができます。

次に「接続詞」を使った定型文です（「たしかに」「じつは」「かつて」は副詞）。これを覚えましょう。

「**たしかに**高額な商品ではあります。**しかし**、希少な素材をふんだんに使用しているため商品価値は高いと言えます」

「**そもそも**、なぜ彼はそこにいったのか。**じつは**、彼の出生に謎を解く鍵がある」

「**かつて**、日本人は、我慢強いと言われてきた。**しかし**、今は子どもばかりか老人までもが我慢を忘れてしまったようだ」

「たしかに〜しかし」「そもそも〜じつは」「かつて（は）〜しかし」といった形を覚えておくだけで、しっかりと方向指示器の出た文章を書けるようになります。

定型文は、このほかにもたくさんあります。「接続詞」を意識して文章を読み、「使えるな」と思った文章をストックするように心がけてください。

いっきに書いた文章をいっきに削る

いっきに書いて膨れ上がった文章を、今度はいっきに削ります。

「削れ！　削れ！　削れ！　もっと削れ！」と自分自身に言い聞かせ、心を鬼にして削ります。

「こんなネタ、本論と関係ないだろ」「この言いまわしは、クサすぎる」「文が長い」「つながりが悪くなる」……。声に出して、自分を叱りながら切り捨てる。誰よりも厳しい審判として、文章を削っていきます。

あくまで経験則ですが、指定された文字数の倍の長さを書いてから削った文章は面白い。800字なら1600字近く書いてこそ、要点の詰まった内容になります。

いっきに書いた文章には、性格が出ます。批判的なことになると冗長になる人。状況説明の長い人。言いたいことがコロコロ変わる人。「つぶやき」をやたらはさむ人。

私の場合は、「衒学趣味《げんがくしゅみ》」という「知識をひけらかしたい」ところがあります。ウンチクをはさみすぎて本論がわからなくなってしまうのです。その場違いなウンチクを削ります。また、わかりやすく書こうとするため、同じ内容の言い換えを書き連ねるクセもあります。これも削ります。

時には、制限字数に足りないところまで削ることもあります。そこまでやって、文章は引き締まっていくのです。

文章を削る際に気をつけるべき2つのこと

文章を削る際、気をつけるべき点が2つあります。

ひとつは、先ほど挙げた「接続詞」。

注意して書いたつもりでも、禁止したはずの「が」が紛れ込んでいます。「が」を使うと、あまり考えずに文章を重ねることができるので、どうしても使ってしまうのです。

例えば、書いた文章の中に、

「山崎さんは、夜遅くまでバレーボールの練習をしたが、1回戦で敗退した」

という文章があったとします。「が」が混じっていますね。

これは、「山崎さんは、夜遅くまでバレーボールの練習をした。しかし、1回戦で敗退した」と、逆接の「しかし」を入れるとわかりやすくなります。でも、ここで終わりにしてはいけません。

推敲のときに、「しかし」もとってしまいましょう。

「山崎さんは、夜遅くまでバレーボールの練習をした。1回戦で敗退した」

こう書いたほうが、「なんで負けたんだ?」という疑問を読者に抱かせ、次の文章を読んでみたくなります。

短くすることで、次を読みたくなる文章が生まれるのです。

これが最後まで読ませる文章にするためのコツです。

谷崎潤一郎が『文章読本』の中で、「接続詞を使うな」と書いたのはこのためです。**なくても通じる接続詞は極力排除しましょう。**

文章を削る際の注意点、2つめは「主語を省くこと」。

日本語は、主語がなくても成立する文章です。

いちいち「私が」「彼が」「それは」とつけていたら煩わしくなってしまいます。**推敲するときは、無意識のうちにつけている主語を、できるかぎりとることをおすすめします。**

書き慣れないレポート、論文、企画書は、つい一文が長くなる傾向にあります。

言い切るのが怖いから長くなる。あれこれ心配だからつけ足す言葉が増える。

そんな文章をバサッと小気味よく、切り捨ててください。

合言葉は、「削れ！　削れ！　削れ！　もっと削れ！」です。

書き出しは『桃太郎』で

文章を書くときに、迷うのは「書き出し」です。

よく、文章は5W1Hでまとめると、読みやすくなると言われます。

5W1Hとは、「いつ（When）、どこで（Where）、誰が（Who）、何を（What）、なぜ（Why）、どのように（How）」という6つの要素をまとめたものです。

さらに、ビジネスの場では「どのくらい（How much／How many）」を加えて5W2Hにすると、より明確になるとされています。あなたも中学生のころ、この書き方を習ったでしょう。何度か試したこともあるはずです。

そのときうまく書けたでしょうか。文章の冒頭に、これらの要素を全部入れようとすると、文章が長くなりすぎたり、ギクシャクしたりしませんでしたか。

私もそうでした。どういう順番で書けばいいのか。「なぜ（Why）」をどうやって組み込めばいいのか悩みました。

手本にしたい『桃太郎』の書き出し

それを解決してくれたのは、森鷗外でした。

森鷗外は、各地に散らばっていた『桃太郎』をこうまとめました。

「むかしむかし、あるところに、おじいさんとおばあさんが、いました」

これを5W1Hの要素にあてはめると、「むかしむかし（When）、あるところに（Where）、おじいさんとおばあさんが（Who）、いました（What）」となります。

5W1Hの6つの要素のうち、4つのWを使う。『桃太郎』の「むかしむかし～」の順番で、冒頭の文章を書いてみる。これだけで状況を説明することができます。

文章の大切な要素を、5W1Hとひとくくりにしています。しかし、目的や理由を表す「なぜ（Why）」と、手段や方法を示す「どのように（How）」は、文章の主目的になる部分。

一文で簡単に語れるものではないのです。

相手に状況をまずわかってもらう要素だけを書き出すなら、『桃太郎』の順番を頭に思い浮かべ、

「昨日16時、大手町の鹿島商事で、山崎社長と面会しました」

「2017年6月10日、京都市伏見の（株）ペーパームーンで、太田社長が新製品を発表しました」

「1868年3月14日、田町の薩摩藩邸で、東征大総督府下参謀・西郷隆盛と、旧幕府徳川家陸軍総裁・勝海舟の会談が行われた」

と書いていく。

時間（When）と、場所（Where）は、どちらが先でもいいように思います。

しかし人間の心理は、どこで起きたのかよりも、いつ起きたのかを先に知りたいものなのです。

森鷗外が「むかしむかし」と『桃太郎』を書きはじめたのも、そのためでしょう。

書き出しは、5W1Hのうち4つのWで要点をまとめる。

これが、相手に伝わる書き出しのコツです。

この方法は、とくに報告書やレポートなどを書くときに役立ちます。

もちろん、書くときだけでなく、口頭で報告するときも『桃太郎』の順番を忘れずに。『桃太郎』の冒頭を語れるようになれば、シャープな印象を人に与えることができます。

「早い話が」で、早く伝わる話にする

ここまで、報告書やレポートの書き出しは、5W1Hのうち4つのW（When・Where・Who・What）で要点をまとめると、お伝えしました。

しかし、街にあふれる「話し方」「書き方」の本を読むと、「結論を先に述べよ」と異口同音に書かれています。若い人がこれらを読み、読み手や聞き手の状況を判断せずに真っ先に結論を述べることが多々あります。

たしかに、ビジネスでは結論を先に述べることが大切です。

ただ、同時に「今どういう状況にあるのか」「何を問題にしているのか」という共通認識を持たせることも忘れずにいてください。

コピーライターの仲畑貴志《なかはたたかし》さんが、「『早い話が』と言ってからコピーを書け」と書いていました。その話を知ったのは、30代半ばのころでしょうか。

「早い話が」という言葉を思い浮かべたのちに「カゼは社会の迷惑です」（武田薬品工業・ベンザエース）となる。

「早い話が」ときて「目の付けどころがシャープでしょ」（シャープ企業広告）と続く。

当時の仲畑作品を眺めながら「早い話が」の力に驚いたものです。

このとき思い出したのは、大学時代の先生に聞いた芥川龍之介の口癖。

彼は「つまり」とよく言っていたそうです。

「つまり」と繰り返したから、あれだけ引き締まった短編が書けた。

「つまり」と言い続けたから、論理構築に無駄がなかった。

これを書いた資料がなく、語られた先生もとうに亡くなられてしまったので真偽のほどはわかりません。とはいえ、私にとって「早い話が」と「つまり」は、要点力をつけるマジックワードになっています。

4W+「早い話が」で、説得力を

結論を示す際、前置きはいりません。「早い話が」に続く文章を書きましょう。

「(早い話が)これからの受験生には読解力が必要です」
「(早い話が)この商品は、市場導入は時期尚早という結論に至りました」

じつに気持ちよく、結論がわかります。

しかし、ふだんのビジネスを考えると、大抵の人はあなたほどその案件について考えていません。「あれ? 今日はなんの会議だっけ?」「これはなんのレポートだ?」という程度の認識から、あなたの書いたものを読みはじめるのが通例でしょう。

「早い話が」で結論を述べる前に、もう少し説明を加える必要があります。

そこで思い出してほしいのが、先に書いた『桃太郎』の冒頭です。
「いつ、どこで、誰が、何をした」という「4W」です。

これを冒頭に書いてみます。

「昨日、東京大学で光永教授と新入試制度について話してきました」という「4W」で構成された一文を入れる。

そのあとに、「(早い話が)これからの受験生には読解力が必要です」と結論を述べる。

結論を述べる前に『桃太郎』の冒頭要素を入れるだけで、相手はあなたと同じ認識の土俵で報告書やレポートを読むことができます。

こうすれば「早い話が」に続く結論は、さらに威力を発揮します。

「4W+早い話が」で文章を書く。

この順番をぜひ覚えてください。

「とにかく大変だった」で相手の興味をかき立てる

前項では、報告書やレポートは、「4W＋早い話が」で書きはじめると述べました。報告などを主目的とするビジネス文書において、この方法は大きな力を発揮します。

しかし、ブログやSNSなど、相手にとって緊急度や重要度の低い、私的な文章の場合、この方法では相手の「読みたい」という気持ちをかき立てることはできません。

そこで、読み手の興味をそそる書き出しのコツをもうひとつ紹介しましょう。

戦後、「マスコミの三羽ガラス」と呼ばれたうちのひとり、扇谷正造《おうぎやしょうぞう》。朝日新聞社退社後も、評論、エッセイ、自己啓発本などを量産した、時代の寵児でした。

彼は、新人の記者が原稿を書くのに苦戦していると、こうアドバイスしたそうです。

「『とにかく大変だった』とまずこう書きたまえ。その後へ、君の目に入った、あるいは君が心に強く感じたものを書きたまえ」（『桃太郎の教訓　減速経済時代を生き抜く』扇谷正造著・ＰＨＰ研究所）。

その話の中で扇谷氏は、こんな例文を挙げています。

「とにかく大変だった。縁の下から足が二本出ていた。死体だった」

この一文にはずいぶん助けられました。

ブログやＳＮＳに、身のまわりの出来事をエッセイ風に書こうとする。書きたい題材があるときはスラスラ書けますが、とくにないときは苦行になります。

そんなときは、「とにかく大変だった」とまず書いて、「目の前の情景」を書いてみます。

「とにかく大変だった。３人家族なのに、肉が７枚。昨夜のすき焼きは、心理戦になった」

「とにかく大変だった。彼女にもらったマフラーが見あたらない。タクシーの中だ！」

「とにかく大変だった。マイクを向けられた瞬間、頭が真っ白に。自分の名前も忘れそうになった」

「とにかく大変だった」で書きはじめると、瑣末な話でも大事のように感じられます。

このように、いきなりクライマックスから入る書き方を学べば、「何が大変だったんだ？」と読み手の興味をそそることができます。

「とにかく大変だった」でブログを更新する

あなたは、古い小説を読むのが苦手ではないでしょうか。

20ページほど読んでもさっぱりわからない。がんばって50ページまでは読んだけれど、ちっとも話に展開がない。よくあるパターンです。

時間が十分にある時代に書かれたものは、冒頭からしばらくの間、状況説明が続きます。主人公のいる場所や時代、人間関係やそれぞれの性格。そんなものをある程度説明してから、ゆっくりと物語が動いていきます。

しかし、今はそんな悠長な時間はありません。

ドラマも映画も、はじまったとたんに事件に巻き込まれる。「大変だあ！」と叫ぶのがオープニング。そのハプニングや事件を解き明かしながら、主人公のキャラクターや場面設定が見えてきます。

ブログやSNSでエッセイを書くときも、同じ要領です。

書き出しからすぐに、読者を事件に巻き込む。ハラハラドキドキ、時にはじんわりさせながら、最後まで読んでもらう。

「とにかく大変だった」のほかにも、書き出しを考えてみましょう。

「この言葉に、じーんときた」「いよいよこのときがやってきた」「みなさんに、謝らなければいけないことがあります」「なんでも試してみるものです」などなど……、次々にエピソードが生まれてきそうな発句を持ってください。

以前、小学生に、いきなりクライマックスがくる文章を書く練習をさせました。

「そのとき、空から」と書いて、そこから文章を考えます。

「そのとき、空から」スーパームーンを降らせた子がいます。りんごが降ってきたものの食べていいのか、悪いのかを考えていたら、10年もたってしまったと書いた子もいました。

空から「大ブタ」と「小ブタ」が降ってきたと書いた子もいました。

みんなとびきりのクライマックスを演出し、そのあとに奇想天外の物語を書いていました。こんな発想法が、頭を柔軟にします。

「とにかく大変だった」で書きはじめましょう。

相手本位の順番で書く

ここまで、文章の書き出しのコツについてお伝えしてきました。

しかし、これらのコツが通用しない局面があります。

それは、ツイッターや商品販促のＰＯＰなど、字数が極端に少ない文章の場合です。

こういった短文を書く際には、前置きをなくし、最も強調したい言葉を最初に持ってくることが有効です。

強い調子の文章や演説で、人の注目を集め、行動を起こすようにしむける。

「アジテーション」もスピーチライターの大切な仕事のひとつです。

アジテーションは、政治扇動のときばかりに使われるものではありません。日常の何げない言葉を強くするテクニックでもあります。

例えば、こういう文章がツイッターに上がったとします。

> ○○地方整備局より、高速道路の雪道制限が出ました。必ずタイヤにチェーンを巻いて走行してください。

ツイッターでこうした生活に必要な情報を拡散する取り組みは大いに賞賛すべきです。しかし、内容を見ると、人身事故にもつながりかねない緊急を要するものです。通常の文章よりも警告の度合いを強くして伝える必要があります。

スマホでスクロールをしながら閲覧していくツイッターは、上へ上へと文章が流れていく。最初の文章で、「あ、これは私に必要な話だな」と思わせることが大切。

したがって、先の文章では、ただの報告文になってしまいます。

少しでも早く相手を振り向かせるアジテーションを工夫してみましょう。

> 必ずタイヤにチェーンを巻いて走行してください。○○地方整備局より、高速道路の雪道制限が出ました。

と、相手本位の順番で書きます。

「○○地方整備局より、高速道路の雪道制限が出ました。必ずタイヤにチェーンを巻いて走行してください」は、相手に行動を促すよりも、自分たちの会議が開かれたことが優先されています。

大切なのは、「ひとりでも多くのドライバーにタイヤチェーンを巻いてほしい」ということ。

まず、読み手が得する情報を先に伝える。これがアジテーションのコツです。

相手本位の言葉に敏感になる

夏に目にしたスーパーマーケットの例です。

暑い盛りに、どうしたことか精肉売り場に多くのお客さんが集まっていました。どちらかといえば、肉よりも「そうめん」を食べたくなるような、げんなりする暑さでした。

近づいてみると、はっぴを着た店員さんが試食用の肉を前に声を張り上げています。

「今日で連続3日の熱帯夜！　今晩こそ、おいしい熟成肉を旦那さんに食べさせて！」

どちらかといえば、上品なスーパーマーケットです。いつもは熟成肉の品質や製法を語るのが上手なところです。

ところが、この日の優先順位は熟成肉の品質よりも、「熱帯夜が3日も続いている」

事実をお客さんにつきつけることでした。

言われた瞬間に、「どうりで疲れるはずだ」「もう3日も続いているのか」「じゃあ、お肉で精をつけなくちゃね」と共感の輪が広がっていきました。

今この瞬間に何を言えば、お客さんに響くか。それはマニュアル本には書かれていません。

ニュースを見て、天気予報を見て、周囲の人の声に耳を傾けて、お客さんが共感できる、相手本位の言葉に敏感になってください。

相手が「何を得するか」で文章を組み立てる

相手本位の書き方のコツを続けます。

相手が「何を得するか」で文章を組み立てる。簡単なように見えて、これがなかなか難しいのです。

私たちは、「相手のことを考える」と言いながらも、つい自分のことを語ってしまいがちです。

「これを購入すると、あなたにどんなメリットがあるか」を語るのではなく、「この製品がいかに優れているか」を先に語ってしまう。

失敗する広告の多くが、「相手より先に自分を語ってしまう」ものなのです。

これは実際にあった話です。

金沢の伝統工芸品をつくっている会社の社長と話をしていました。金沢に新幹線が開通したころのこと。どうすればもっと売上を伸ばせるかを話し合っていたのです。

そのとき話題に上ったのが、刺繍のブローチ。美しい刺繍でした。伝統技術に加え、社長の独自性が発揮されていました。

「うちの刺繍ブローチはね、100年をゆうに超える織りの技術が特長なんです。これだけ細かい細工ができるところは、ほかにないと思うよ」

と社長は、とうとうと自らの製品のよさを語ります。

しかし、それが誰に向けた商品で、買った人にどんなメリットがあるのか、という肝心なことが伝わってきません。

すると横にいた奥様が、社長を制してこう語りはじめました。

うちの人、自慢ばっかりだから売れないんですよ。金沢に新幹線がきたでしょ。お客さんにシニアの女性が増えたんです。彼女たち、これを手にして「軽い！」ってまず言ってくれます。

旅行のときに重いブローチで肩が凝るの、嫌ですから。それに今はみんな写真を撮って、投稿するじゃないですか。これけっこう大きいから、黒いタートルネックだったら、まるで別の服を着ているみたいに見えるんです。

奥様は、明確に「相手が何を得するか」をつかんでいました。

40字に要約すれば、

「旅の写真撮影にぴったり。軽くて肩が凝りません。大きいので服の印象を変えられます」

となります。これが「相手が何を得するか」で文章を書くということなのです。

自己主張をぐっと抑えて、相手のメリットを考える

私たち広告マンは、「相手のメリットを考える」ことを徹底的に鍛えられます。

「みかん、食べない？」と相手に言っても、相手が食べたいと思っていなければ、「おいしい」「冷たい」「とれたての」と、いくら言葉を並べても振り向いてもらえないでしょう。

そこで、「風邪をひかないように、ビタミンCをとりませんか？」と言ってみる。みかんを食べることで、相手が最も得することを考え、それを言葉にします。相手思いの文を書く。これがコピー作法の原点なのです。

自分の製品に自信があるからといって、ついつい独自性や他社製品との相違点、伝統や格式、開発されるまでの苦労話を語りたくなるのは人情。その気持ちもわからないわけではありません。

しかし、これだけモノと情報があふれ、無駄な情報を捨てることに躍起になっている今の世の中では、人の自慢話を聞いてくれるほどのお人好しはい

ないと心得てください。

商品のＰＲ文や企画書、提案書から飲み会のお誘いまで。これはありとあらゆる文章に言えることです。

「で、私にどんなメリットがあるんですか？」という相手の問いに、はっきりと、すっきりと答える。

それが手に入ったときの姿を、相手の頭上に絵を描くかのようにリアルに想像させる。

自分中心の言動から、相手中心の言動に変わったとき、あなたの文章で人は動きます。

指摘されやすい文法・敬語をマスターする

「自分の書いたものを、すんなり好意的に読んでもらうために、正しい文法と敬語をマスターしましょう」と言っても、日本語の敬語や文法はとても難しいもの。

戦後教育は、敬語を重要視してこなかったせいもあり、今は年配の方でもかなりおかしな日本語を使っています。

トップ企業のウェブサイトやパンフレットの、社長のあいさつ文に文法的な誤りが平気で掲載されていたりもします。

だからといって安心してはいけません。それでも彼らは自分のことを棚に上げて、「最近の若い連中の言葉遣いはおかしい」「敬語がなっちゃいない」と言ってきます。

よく聞いてみると、彼らの指摘する敬語のポイントは極めて限定的。ほかは自分も自信がないから、「ら抜き言葉」のようにわかりやすい間違いを見つけると、鬼の首をとったかのように責めてきます。こんなものに負けてはいけません。

ここでは、とくに指摘されやすい文法と敬語の使い方を見ていきましょう。

「ら抜き言葉」を克服する

「そこからモニターが見れますか?」「このお菓子、食べれますか?」。すでに市民権を得たような「ら抜き言葉」。しかし、この間違いを指摘する声は多いようです。

恐れることはありません。「ら抜き言葉」を直すためのコツを教えます。私が受験予備校で学んだ方法です。

例えば、「見る」という動詞を命令の形にします。「見ろ」ですね。

命令形にしたときに「ろ」で終わる言葉は、「見られる」となります。つまり「ら抜き言葉」にしてはいけません。

今度は「走る」という言葉を命令形にしてください。「走れ」になります。これは「走れる」と「ら」が入らなくてもいいのです。

わかりましたか? では、「知る」はどうでしょう。

命令形にすると「知れ」になりますね。だから「知れる」でいい。

「食べる」の命令形は「食べろ」。

「ろ」で終わるから「食べられる」と「ら」を抜いてはいけません。

わからなくなったら命令形にしてみる。これが「ら抜き言葉」修正法です。

「幼稚語」には切り抜け方がある

子どもの文章はよく、「うれしかったです」「面白かったです」で終わります。

これは、非常に幼稚な印象を与えます。

今では大人も平気で使いますが、これも厳密に言えば間違いです。正しくは「うれしゅうございました」「面白うございました」というていねい語になります。

しかし、今どきこんな古風な言い方をする人はいないでしょう。むしろこちらのほうが変な印象を与えてしまいそうです。

「うれしかったです」を幼稚にも古風にもならないように書くために、多くの人が苦労しています。

落としどころとしては「うれしく思いました」「面白く思いました」と書く方法。こうすれば、幼稚な印象、古風な印象を回避できます。

しかし、「ちょっと上から目線の印象があるなぁ」と感じる人も多いでしょう。

そうなんです。そもそも「うれしい」「面白い」という表現自体が大雑把な感情表現。

これらの言葉を使いたくなったらぐっとこらえて、より具体的に「何がうれしかったのか」「どう面白かったのか」を考えるようにしましょう。

「うれしかった」と書くところを「あなたの声にほっとしました」「お心遣いに感激しました」と別の表現を考える。

「面白かった」と書きたくなったら、「笑いが止まりませんでした」「興味深いお話でした」と具体的にしていく。こうすれば文末表現にバリエーションが広がります。

過剰な敬語に注意しよう

「石井淳部長」と書いて、なんだか呼び捨てにしているような気になり、つい「石井淳部長様」と書きたくなってしまう。

「拝見します」と書いて、「偉そうな感じだな」と思い、「拝見いたします」と書いてしまう。

これらは間違いです。**肩書きがあれば敬語はいりません。**

宛名書きのときは「部長　石井淳様」と書きます。

また、「拝見」の「拝」の字はすでに敬語なので、「いたします」をつけると二重敬語になってしまいます。

敬語に慣れていない人の文章は、ぶっきらぼうになるよりも過剰敬語が増えます。とくに若い人は、相手を傷つけないようにしすぎて、敬語がてんこ盛りになる傾向があります。凛とした文章にするためにも過剰敬語は避けましょう。

「ら抜き言葉」「幼稚語」「過剰敬語」。以上の3点を克服するだけで、大きく指摘される間違いや幼児性は避けられます。もちろん敬語や文法は正しいにこしたことはありません。これを機に、知識を深めてください。

小学校4年生にも伝わる言葉を選ぶ

昔の人は、10歳を「つばなれ」と言いました。

「ひとつ、ふたつ、みっつ」と数えて、「ここのつ」までくる。10歳は「とお」となり、はじめて「つ」のつかない数えになる。

このころに脳は完成し、子は親から離れていきました。

11～12歳で「見習い」、13～14歳で「丁稚《でっち》」として一人前の働きをする……。

今で言えば、小学校高学年が、社会人デビューの年齢ということになります。

スピーチライティングの世界では、よく「〝つばなれ〟したばかりの人にもわかるような言葉で語れ」と言われます。

小学4年生までに習う漢字を見てください。

「要点」「観察」「希望」「議題」「完全」「共用」「消費」「信用」「成功」……。

私たちが社会生活を行ううえで必要な言葉がこの時期から増えてきます。周囲の人との会話に十分な言葉から、社会生活を営むのに必要な漢字や熟語を覚えていく。言葉の学習過程でも「つばなれ」が起きていました。

中学、高校で習う漢字や熟語となれば、学習の度合いによってかなり差が出ます。わかる人にしかわからない単語が出てきます。しかし、小学4年生あたりで習った単語なら、より多くの人に伝えることが可能です。

NHK「週刊こどもニュース」で鍛えた池上彰《いけがみあきら》さんの解説がわかりやすいのは、「つばなれ」をしたばかりの子どもたちに向けて語られているからです。

どんなに難しい政治や経済の話も、小学4年生でもわかる。少なくとも興味を示してくれる言いまわしや言葉を選択しているので、人を飽きさせないのです。

私が「朝日小学生新聞」に書いているコラムも、基本的に「つばなれ」あたりの子どもたちにわかる言葉で書いています。

執筆するときは、小学6年生までに習う漢字、熟語のコピーをパソコンの横に置いて、いつもこのころに習う言葉かどうかを検証しています。

あ、今私は「検証」という言葉を書きました。少し難しいと感じた人がいるかもしれません。しかし、これは小学5年生で習う漢字です。

インターネットで検索すれば「こども漢字チェッカー」などのアプリケーションがあります。入力すると小学校の何年生で習ったかを表示してくれます。

「簡単な言葉」は世界の潮流

これは、日本だけの傾向ではありません。

ナイキの有名なキャッチコピー、「JUST DO IT.」にしても、アップルの「Think different」にしても、世界中の誰もがわかる単語を用いて自分たちの企業姿勢を語っています。

人々の活動がグローバル化していくなか、一部の人にしかわからない言葉

を弄《ろう》して人を排除していくような書き方は、多くの人を不快にします。

なかには、こうした言葉をわかりやすくしていく傾向に異論を唱える人もいます。

「物事には、わかりやすいものばかりでなく、抽象度の高い難解なものもある」

「わかりやすく書いて、読み手にサービスばかりしているから、思考力が落ち、二者択一しかできないような人が増える」

この言い分にも一理あります。たしかに森羅万象のすべてをわかりやすく説明できるわけがありません。だからといって多くの人にわかってもらうための努力を怠っていいわけはありません。

私が教えている教室では、下は小学2年生から上は70歳くらいの人が、同じ講義を受けます。

「愛」と「恋」の違いについて、語源から勉強していきます。

あるとき、小学校2年生の男の子のお母さんからメールをいただきました。どちらかといえば内気な子が、お父さんとお風呂に入っているときに、「愛」と「恋」の違いを楽しそうに語ったそうです。お父さんも、びっくりしたそうです。

私は、これこそが人に伝える理想の姿だと考えます。

難しいこと、わからないことでも、噛み砕いて楽しく教えれば、習った人がうれしくなって誰かに伝えたくなる。

小学生でもわかりやすい文章を書く。

これが全世代に理解してもらえる文章を書くコツなのです。

自分の定義でオリジナリティを出す

「なるほど！」と膝を打ちたくなる文章には、必ず発見があります。内容が目新しいばかりではありません。単語の使い方ひとつにもオリジナリティがあるのです。

そのために必要なのが「語彙力《ごいりょく》」です。といっても、何も小難しい言葉をたくさん覚える必要はありません。

同じ意味の言葉でも、自分自身で定義づけし、違う言葉で表現することで語彙力は増していくのです。

例えば、「ＬＯＶＥ」という言葉。

ベストセラー『置かれた場所で咲きなさい』（幻冬舎）などで知られる、シスター渡《わた》辺和子《なべかずこ》によれば、昔隠れキリシタンたちは、「御大切」と言っていたそうです。

「LOVE」イコール「愛」だと思っていた私には、新鮮な驚きがありました。

物事を自分で定義し、オリジナリティを出す。

ある大学の授業で、「『自衛隊』を定義しなさい」と学生に問うたところ、「命をかけて、命を守る」という言葉が出てきました。見事に定義されています。自衛隊の本質をよく表現しています。

あたり前の言葉でも、「私が定義するとどうなるだろう」と考える。

「豊かな国」と簡単に言いますが、その豊かさってなんでしょう。経済が好調なことでしょうか。食料が行き渡っている状態でしょうか。

私なりに考えてみました。その結果、「みんなが笑って暮らしていること」だと思いあたりました。

お金があっても満腹でも、みんなが悲しい顔をしていたら、けっして豊かとは言えません。すると「元気」という言葉も「笑えること」と定義できるのではないかと、次の考えが浮かんできます。病気のときは、笑えませんからね。

こんな話をしていたら、仲のいいコピーライターが、「うちの母親は、身だしなみを気にしているうちは元気だった」と語り、「病気とは、おしゃれしなくなること」と定義しました。オリジナリティのある言葉です。

少し、あなたもやってみましょう。

例えば、今、テレビから「現状維持」という言葉が聞こえてきました。あなたならこれをどう定義しますか。

私にはこれが「先送り」と言っているように思えました。「現状維持」というと聞こえはいいですが、結局は決断せずに動かないだけ。長い目で見れば「先送り」です。

目の前に怒っている人がいます。さて、「怒る」ってどういうことでしょう。

ガミガミと大声を出して、同じことを言い続けている。彼は周囲が自分をどう見ているかなど、ちっとも気にしていません。ということは、「怒る」とは「周囲が見えなくなること」と定義できるのではないでしょうか。

そのときどきに流れる言葉、目の前に現れる情景に対して、「○○とは、×

×のこと」と定義する。

「伝統とは、変わり続けること」「賢い人とは、わからないことをわからないと言える人」「幸せとは、誰かを幸せにしたいと願うこと」「コントロールとは、終わりを決めること」「集中とは、やることの断捨離」……。

会議中でも食事のときでも、流れてきた言葉を「私ならこう定義する」と考える。続けていると、語彙力が増し、文章の切れ味が増してくるのを実感できます。

人の定義を流用した文章はつまらない

つまらない文章とは、他人の定義や解釈をそのまま使った文章です。これだけインターネットが発達した時代、世間一般でいう「正しい定義」なんて小さな子どもでも検索できてしまうのです。

あなたが考えた「定義」は、時にはひとりよがりで、了見の狭いものかもしれません。間違っていることもあるでしょう。それでも、「自分が使う言葉を、自分自身でしっかり定義できている人」が強いことに変わりはありません。

「なるほど、こう考えたのか」「面白いことを考えるやつだなぁ」と言われる人は、つねに新鮮なネタを持っているわけではなく、物事や言葉に対する「定義」にオリジナリティがある。

自分だけの辞書をつくるつもりで、いろいろな物事を「定義」していってください。

実行すれば、きっとあなたの文章が変わります。

あ、最後に「実行」を定義してみましょう。

「今すぐやるか、一生やらないか決めること」

今すぐはじめてくださいね。

column

散歩をしながら文章を書こう

あなたは、どんなときにアイデアがひらめきますか。

シャワーを浴びているとき、トイレの中、朝起きた直後、人としゃべっている最中……、いろいろなときがあるはずです。

その、ひらめきの瞬間を大切に覚えておくことが大切。

知人のコピーライターは、「電車の中が最もひらめく」と言い、行き詰まると駅のホームに消えていきます。

また、著名なデザイナーは、「料理をつくっているときにひらめく」と言っています。インスタグラムにお手製の料理をアップする回数が増えると、「あぁ、今悩んでいるんだな」とわかります。

私の場合は、歩いているときです。

以前、表参道からオフィスのある赤坂まで歩いて通勤していました。健康診断の結果を見てしかたなくウォーキングをはじめました。続けているうちに、いろいろな変化が起きました。

歩きはじめる直前直後は、「あぁ、面倒だ。やめようかな」と毎日思うのです。体重が減ろうが、よく眠れるようになろうが、必ずはじめはネガティブな感情が起きます。

それをすぎると頭の中に、やり残している仕事、締め切りの近い原稿が去来します。ここからがコツです。

「冒頭の文章を考えよう」と決めて、歩きながら原稿の書き出しを思いつくままにつぶやきます。

「要点とはなんでしょう」「これから要点について書きます」など、下手くそでもかまわないので冒頭の文章を声に出します。

しばらく続けていると、雑念が入ってきます。

昨日、会議で紛糾したときのこと。ラジオから流れてきた看護師さんの手紙、歌の歌詞、書きかけの企画書の断片などなど……。

それらを浮かぶがままに流していると、ふっと「わしづかむ」という言葉が浮かんできました。先日、とある中学校で講義した際に、担当の先生が教えてくれた「学年スローガン」です。

「中学1年生は、慣れない学校生活の中で、勉強も部活も大きく『わしづかむ』ことが大切なんです」

この言葉に、「要点」というキーワードが重なります。

「要点とは、わしづかむことです」

2つの言葉が重なると、要点がただ小利口にまとめることではなく、鋭い目をした鷲が、相手の急所をめがけて、力いっぱい爪をめり込ませる光景が見えてくる。

「1冊の本の要点をわしづかむ。会議や講義の中から肝の部分をわしづかむ。文章で人の心をわしづかむ。そんな本にしてみたらどうだろう」と考える。

気がつくともう会社です。忘れないようにメモをして、次の歩く機会を探します。

アイデアは、天から降ってくるものではありません。考え続けているうちに、脳内でさまざまにつながったり、ぶつかったりして生まれてくるものです。

散歩をしながら文章を書く。

慣れてくれば頭の中に原稿用紙が広がります。口述筆記をするように書き言葉がスラスラと出てくるようになります。スマホに向かって話しかければ、アウトライン程度の文章なら書けるようになります。

やってみると、かなりの確率で鮮度の高い文章をまとめられるようになるはずです。

悩んだら、外に出て歩きましょう。

身体を使うこともまた、いい文章を書く方法のひとつなのですから。

第3章

ちょっとした工夫で読み手の印象は劇的に変わる

すべての文章を「ラブレター」だと思って書く

第2章では、「短くても伝わる文章」の基本的な組み立て方についてお伝えしてきました。

第3章では、組み立てた文章にちょっとした工夫を加えることで、より読みやすく、より相手に興味を持たせるためのコツを紹介していきましょう。

政治家のスピーチの上手い、下手を見分ける方法があります。内容や政治信条は関係ありません。

上手い政治家のスピーチは、まるで自分に向かって話してくれているように聞こえます。逆に下手なスピーチは、「国民」「人々」「みなさん」に向かって呼びかけているので、どれも「人ごと」のように感じます。

背後にいるスピーチライターが、主語を「国民」と漠然ととらえ、自分の言いたいことだけを言っている。こんな言葉が多くの人たちの共感を得ることはありません。

エッセイストの沢木耕太郎《さわきこうたろう》さんは、「すべてのルポルタージュは、ラブレターである」と言いましたが、まさにそのとおり。

企画書もレポートも、SNSに書き込む文章も、たったひとりに向けて書く「ラブレター」だからこそ情熱が伝わるのです。

これは、「短くても伝わる文章」を書くための基本姿勢です。

相手を「好きだ！」と思ってから書く。

文章の多くは、感情移入によって相手を共感させ、同じ志を持つ者となり、具体的な行動を起こしてもらうために書くものです。

どんな文章も基本は、「共感の物語」。それがない文章は、熱量が足りません。ましてや相手を避けたり、嫌ったりして書いたものに感銘し、同志になろうと考える人はまずいないでしょう。

言いたいことが相手にしっかりと伝わるかどうかは、相手を「好きだ！」と思って書けるかどうかで決まるのです。

相手の「心の流れ」を読みながら書く

企画書やレポートを、相手にラブレターのように読んでもらうコツを教えます。

相手の「心の流れ」を読みながら書くことです。

「あ、先方はこの文章を〝難しい〟と感じるに違いない。それは今、私が安直に引用した〝社会的連関性〟という言葉が原因だな」と思ったら、「社会的連関性」を「社会とかかわり合いがあること」と言い換えて書きます。

また、「相手が日常的に使っている単語」をチェックしておくことも大切です。日ごろ相手が好んで使っている単語を使って書けば、相手が理解するスピードはぐんとはやくなります。

ラブレターを書くやさしさを忘れない。

相手が所属する組織を想像し、彼が上司や組織にこの企画書をプレゼンするときに、どんな質問や批判が出るかを考える。

相手の先の先まで考えて文章を書いていく。

相手の「心の流れ」を読むことで伝わりやすい文章に変わっていくのです。

読み手のパーソナリティを意識する

コピーライターの研修時代、お菓子の広告をつくる仕事が入ったときのこと。

先輩から「小学校の卒業アルバムを会社に持ってこい」と言われました。

その先輩は、「卒業アルバムに掲載されている同級生、一人ひとりに向けてコピーを書け」と命じました。


小学校の卒業アルバムには、勝気な子、おしゃまな子、不良、ウケ狙い、怠け者といった個性が芽生えはじめた子がたくさん載っています。

おしゃまな子に向けては「かわいさ」を書き、疑り深い子には「製造過程」を書いているうちに、相手の「心の流れ」を想像しながら書く術が身についていきました。

優れた教育方法です。教えてくれた先輩に感謝です。

たとえ嫌いな人でも、「好きだ！」と思って書く。

けっして「俺さまの書くものをあいつは理解できないだろう」とか、「いちいち心を込めて書けるか！」なんて思わない。

たとえ本音がそうであっても、鏡の前で笑顔をつくり「好きだ！」と叫んでから文章を書きましょう。

絵文字の代わりに「ラポート・トーク」を添える

ビジネス文書に絵文字やスタンプを使わない。少し前ならあたり前のことでした。しかし、コミュニケーションの大半がメールでのやりとりになるにつれ、公式なやりとりのなかにも「(笑)」程度は交じるようになりました。

それに目くじらを立てる気はありません。

書き言葉と話し言葉の垣根が曖昧になってきたこと、メールではおたがいの表情が読めないことなどを考えると、「(笑)」と書いて気持ちを察してほしくもなります。

また、よくあるビジネス文書の書き方で語られる「ビジネスの現場で有効に機能する平易でロジカルな文章」というだけでは、人には伝わりません。

大量のメール情報を処理している今の仕事では、人間味を感じられない文章はスルーされてしまう可能性が大きいのです。

そこでおすすめしたいのが**「ラポート・トーク」**です。

これは社会言語学者の東照二《あずましょうじ》氏が考えたもので、事実などの情報を相手に伝える（リポートする）ものを「リポート・トーク」、感情、心の動きを伝え、相手にも感じてもらう言葉を「ラポート（共感）・トーク」と分けています（『人を惹きつける「ことば戦略」』研究社）。

スピーチの上手い政治家、トークの上手い芸能人は、この「リポート・トーク」と「ラポート・トーク」をうまくスイッチしながら語っているそうです。

例えば先日、私が受けとったメール。

> 明日、9時前にロビーでお待ちしております。遅くにホテルに入られるとのことですが、打ち合わせもよろしくお願いいたします。
> ・・・・・・・・・・・・・・・・・・・・・・・・
> 今回は、枕がしっくりくるといいですね。おやすみなさい。

前半は待ち合わせ時間と場所を示した「リポート・トーク」です。

後半の「今回は、枕がしっくりくるといいですね。おやすみなさい」の部分は、以前仕事をした際に私が「ホテルの枕が低すぎた」と嘆いていたのを覚えてくれていたのでした。この心遣いが「ラポート・トーク」。

これが一文入るだけで、「明日の仕事をがんばろう」という気持ちになります。

明日からはじまるロンドンでのミーティング、よろしくお願いいたします。資料30部はこちらで用意いたしました。何かありましたら、こちらのアドレスまでご連絡ください。
ちなみに、こちらロンドンの最高気温は10度です。気をつけてお越しください。

「ちなみに、こちらロンドンの最高気温は10度です」が、「ラポート・トーク」です。

寒暖差の激しい時期に出張するこちらを気遣うことで共感をとっています。

こうした共感の一文「ラポート・トーク」をはさむだけで、相手との距離は縮まり、肝心な「レポート・トーク」の部分も記憶に残るようになります。

報告書やレポートを書く訓練として、日ごろから絵文字やスタンプを使わないで文章を書く機会を増やす。私はこの大切さを大学生の論文からも感じています。「〜だ」「〜である」と自らの考えを断じていくのが論文です。ところが、「〜だ、と論じるほど自信がない」「〜である、と書くと上から目線な感じがして書きにくい」と訴えてくる学生が増えてきました。

さらにここ最近は、絵文字やスタンプを使って自分の意見や気持ちを最後まで書くことを避けています。ＬＩＮＥなどでテキストをやりとりしているうちに、自分の考えを最後まで述べることができなくなっている学生が増えています。

スタンプのニュアンスがわからない人への「スタハラ」（スタンプ・ハラスメント）が増えている現状を考えても、ビジネスの世界では絵文字やスタンプを使わなくても、共感を得ることのできる「ラポート・トーク」を添えることをおすすめします。

「やんわり語」をやめる

強い言葉を使うと、偉そうに見える。

上から目線に感じられるのが怖い。

こんな気持ちが、伝える力を低下させている。その元凶と言われる「コンビニ言葉」が広まりはじめたのは、２０００年前後だと言われています。

「コンビニ言葉」は20年近い時間をへて、あらゆるシーンに浸透しています。私はこの「コンビニ言葉」のことを「やんわり語」と呼んでいます。

例えば、自分の考えた企画のどれを得意先にすすめるかを上司に報告する場面。

「おすすめ案は、３にします」と言うところを、

「おすすめ案は、3でよろしかったでしょうか」
「おすすめ案は、3でいければと思っています」
「おすすめ案は、3の方向にします」

などと表現してしまう。

「3」に決めてかかるのが怖いばかりに、「よろしかったでしょうか」と上司の顔色を窺ったり、「いければと思っています」と消極的な表現にとどめています。

小さなことですが、「3」と言えば十分なのに「の方向」とつけることで、ほかの案にも含みを持たせ、幅を広げてしまう。

コンビニやファミレスのアルバイトで学生たちが多用する「やんわり語」。

これをビジネスの場に持ち込むのは危険です。誤解を生んだり、相手から責任感がないように思われたりしてしまうからです。

ですから、「やんわり語」を使わずに、

「お名前を頂戴してもよろしいでしょうか」(↓お名前を教えていただけますでしょうか)

「見積もりのほうは、こちらです」（↓見積もりは、こちらです）
「3000円からお預かりします」（↓3000円、お預かりします）

といった相手に迷う余地を与えない言葉を使いましょう。


これだけではありません。ネットで検索すると、「ありよりのなし」「なしよりのあり」といった、結論をぼかした「やんわり語」がたくさん出てきます。

「ありよりのなし」とは、「ちょっといいけど（＝ありより）、やっぱりダメだね（＝なし）」ということ。

「なしよりのあり」とは、「なんかダメだけど（＝なしより）、ちょっといけるかも（＝あり）」ということです。

「ダメ」「嫌い」「ダサい」「いい」「いける」「好き」と断定することを避け、相手を傷つけないための言いまわしでしょう。無駄な争いごとを避けたい気持ちがよく出ています。

私は、こうした表現を否定はしません。

仲間とコミュニケーションをとるために言葉が変化するのは当然のこと。私の言葉だって、刻々と変化しています。

しかし、ビジネスの根幹は経済活動です。より的確な判断や解決策を、より効率的に、具体的に示していく場です。

もしビジネスパーソン全員が、「ありよりのなし」「なしよりのあり」などの「やんわり語」を使って商談を進めたらうまくいくでしょうか。

その言葉が書き残されて、後輩たちへと受け継がれる資料となったとき、はたして話の内容がきちんと伝わるでしょうか。

オフィシャルとプライベート、しっかりとメリハリをつけた文章を書くべきです。

「～と思います」を極力減らす

学生たちが提出するレポートを読んでいて、ここ数年でとくに増えたのが「思う」「思います」で終わる文章です。

私の時代は、小学校では「です、ます調」で書いていました。しかし中学に入ると

「だ、である調」で書くように指示されました。

書きはじめたころは、急に大人になって、いばっているように感じました。「上から目線」に感じられて、うまく使えませんでした。

しかし慣れてくると、「だ、である調」は、「〜のようだ」「〜らしい」「〜している」「〜である」と語尾のバリエーションが多く、多様な文章が書けます。

また、「〜と思う」のような曖昧な文章は書くなと指導されたので、論じたいことが明確な文章になりました。

ビジネスの現場では、「だ、である調」のような明確さが求められます。「です、ます調」で書くときも、極力「〜と思います」という表現は避けましょう。

風通しのいい文章を書く

1

文章に番号を振る

かつて日本には、「文章はわかりにくいほうが高尚だ」という考え方がありました。難しい漢字を使う。人の知らない英語を使う。難読な文章をひたすら書く。それが頭のいい証のように思われていました。

しかし、今は違います。SNSの普及で誰もが情報の発信者にも受信者にもなれる時代。自分だけが、高尚な発信者のような顔をした文章は、読み手から確実にスルーされてしまいます。

しかも、SNSに書かれる文章が主流になった今、レイアウトも昔とは違います。

文章を紙に印刷して読んでいた時代と、画面上に流れる文字をスクロールしながら読むのとでは、「読みやすさの質」が違うのです。

ここからは、ロジカルな文章を読みやすく、わかりやすく書く方法を教えます。

私はこれを**「風通しのいい文章」**と呼んでいます。

ＳＮＳには功罪があります。

例えば、ツイッターの「ツイート」は「鳥のさえずり」というのが本来の意味。つまり「つぶやき」です。これは、ふとした感情を書き込むためには非常に便利です。ＬＩＮＥなども同じですね。

しかし、こういったＳＮＳの台頭が、ロジカルな文章を書くのが苦手な人を確実に増やしてしまいました。

では、〝ロジカルな文章〟とはどういう文章のことなのでしょうか。

あまり難しく考える必要はありません。

「前と後ろの意味がつながっている文章」と定義します。

ツイッターなどでつぶやく場合、思いついたことが時系列に並ぶだけの文章になります。自分ではわかっているけれど、人が読むと過不足があって何を言いたいのかよくわからない。

最近、学生のレポートを読んでいると「つぶやき」の羅列で構成された文章が急増しているのに驚かされます。

それを防ぐために、スピーチライターが使う手を紹介します。

パソコン機能で「箇条書き」を設定し、一文に番号が振れるようにします。振られた番号の中で書ける要点はひとつだけ。

そして、前後の文章を読み「意味がつながっているか」を確認しながら進みます。

簡単な例を示しましょう。

1．どんなに集中しても、コピーが書けないときがある。
2．がんばって集中しようとするほど、ひとつも言葉が浮かんでこない。
3．おかげで今日は、寝不足だ。
4．脳科学の先生から「リラックスのない集中には、ひらめきがないんだよ。だから疲れる」と聞いた。

5. なるほど、力んでいたからひらめかないんだ。

6. 以後私は、外に面したカフェで仕事をすることにした。

7. それで名作が生まれるかといえば、そのかぎりではない。

8. 今度は、外を歩くきれいな人に目を奪われて、集中力が散漫だ。

こうして番号を振ると、短くするときにどの文章を削ればいいかがわかります。

例文で言えば、3の文章はなくても成立します。2は1の補足でしかありません。これを合わせて、「どんなに集中しても、コピーがひとつも浮かばないときがある」とすれば、ひとつにまとめることができます。

私は、子ども向けの作文教室で、この方法を教えています。

「子どもの書いた文章に、番号をつけてワープロ化してください」とお母さんにお願いします。

子どもは、活字になった自分の文章を見て、「3番目の文章は長すぎる！」「7番目はいらない」「あ、途中で、違うこと考えてた」と、自分の文章の問題を発見していきます。

文章に番号が振ってあると、複数の人間で会議をするときにも便利です。

スピーチライティングの現場では、たたき台になる原稿をさまざまな担当者が読み、「2と3の間に、補足する文章を入れてください」「16の文章は誤解を生むのでとりましょう」といった会議が行われています。

多くの人にもまれることで、風通しのいい文章が生まれてくるのです。

風通しのいい文章を書く 2

文章をセンター合わせにする

もうひとつ、スピーチライターが使う「風通しのいい文章」を書くテクニックを紹介します。

私たちの書く文章は、ただ内容が理解できるだけでなく、読む人に書き手の勢いや息づかいまで伝わる必要があります。

話の「間」や、たたみかけるポイントまで伝わることが求められるのです。

そこで用いるのが、パソコンの「センター合わせ」機能です。

スピーチを読んでもらうとき、

1. 短い一文がセンターにあるところは、ゆっくり読む。
2. 短い文章が並列されているところでは、リズムをつけて読む。

3．文章と文章の空間は、5秒近く「間」をとる。

こうしておけば、スピーカーが棒読みになることはありません。抑揚のついたスピーチができます。

次ページの例文を見てください。

「学問する予備校です」は、間を十分にとって読んでもらいたい箇所です。

「大学に入ってから学ぶ、医学、法学、農学、物理学、経済学、社会学、哲学を今から学んでもらいます」は、リズムをつけるところです。

「間」や「リズム」のとり方を、センター合わせで意識すると、文章の風通しは格段によくなります。

【山下予備校のモットー】

私たちは、ただの進学予備校ではありません。

学問する予備校です。

大学に入ってから学ぶ、
医学、法学、農学、物理学、経済学、社会学、哲学を
今から学んでもらいます。

私たちは、偏差値で大学を選ぶ時代は、
とうに終わったと考えます。
学びたい学問を見つけ、それを学ぶ。
その、学びたい学問を見つけるために、
さまざまな本を読む。人の話を聞く。
学問への憧れがあるから、
受験に情熱を燃やせる。

そんな学生を育みたいのです。

図書館には、大学で実際に使っている教科書が
ところ狭しと並んでいます。
授業の合間には、有名な教授陣がやってきて
大学さながらの講義をする。
必ずやあなたの学問の導火線に火がつきます。

本当の学問する力を身につける
これが山下予備校のモットーです。

文章の“色”で、風通しをチェックする

広告会社に入ったころ、壁に貼られたラフの新聞広告案を見た先輩デザイナーがこう言いました。

「文章が、黒いなぁ」

どういう意味かと尋ねると、「漢字が多くて全体的に黒く見える文章」だと教えてくれました。同じことをレポートや報告書でも言われました。

「目を細めて見ろ。全体が黒いだろ。こういう文章は難しい印象が先に立って、お客さんに読んでもらえないんだ」

法学部に籍を置いていた私は、3月まで「刑法は傷害の未遂を明文をもっては処罰せず、また暴行致傷についても何ら規定を設けていない。また暴行の仕方が『暴行ヲ加ヘタル者人ヲ傷害スルニ至ラサレルトキハ……』（『刑法各論（現代法学全集）』・西原

春夫著・青林書院）のような、真っ黒な文章と格闘していました。

私は平気で「先《ま》ず」「尤《もっと》も」「而《しこう》して」などの漢字を使って書いていたのです。

文章は、読み手に合わせて書いていくもの。読み手が必要ないと思ったところを飛ばしても、大事なところだけは読んでもらえる文章を書く。

読み手の頭の中にある世界観を変えることなく、崩すことなく、すっと入り込んで納得してもらえる文章を書く。

正確で、さまざまな解釈を生まないことだけを目的とした法律文とは、真逆のメンタリティが働いている。以来、私は「白い文章」を心がけるようになりました。

「白い文章」か「黒い文章」かを確認する方法は、先ほどの先輩デザイナーと同じです。

書いたものを紙に印刷し、遠くから目を細めて眺めてみる。

全体が黒っぽかったら、間違いなく読みにくい。

白いところに黒い箇所がある。そこに難しい漢字、言いまわしがあります。

「青い文章」も困りもの

また、ここ最近は、漢字の黒い部分だけでなく、カタカナ英語という「青い目をした言いまわし」の多い文章も増えました。

自分たちの会社や業界ではあたり前に使っているカタカナ英語が、一般の消費者には理解できないケースも多発しています。

例文を書いてみます。ある会社の「中期計画」です。

今回の中期計画において私たちは、企業のゴーイングコンサーンのために、事業スキームを根本から見直し、新しい事業領域のグローバルリンクを目指します。

また、社員にインセンティブを与えるコーポレートガバナンスを確立し、あらゆるポテンシャルを引き出せるように、しっかりとマイルストーンを設定しながら取り組んでまいります。

いかがでしょうか。カタカナが多く、わかるような、わからないような文章になっていますね。これが「青い文章」です。

では、これを「白い文章」に改善してみましょう。

今回の中期計画において私たちは、企業の永続的な発展のために、事業の枠組みを根本から見直します。

新しい事業領域に対しては、世界のヒト、モノ、コトをつなげることを目指します。

また、社員のやる気を起こすことができるように企業の内部をまとめ、あらゆる潜在的な力を引き出せるよう、しっかりと作業工程に節目を設けながら取り組んでまいります。

ずいぶんわかりやすくなりました。

難しい漢字ばかりの「黒い文章」や、カタカナだらけの「青い文章」を、やさしい「白い文章」に修正してみる。

多くの人が文章を理解できるようになって、はじめて内容の善し悪しを検討できるようになるのです。

見方を変えれば、「黒い文章」「青い文章」を書く背景には、「本当は多くの人に知られたくない」という気持ちが潜んでいるのかもしれません。

それを見抜くためにも、文章の〝色〟に敏感になってください。

「白い文章」を書けば、文章の風通しは格段によくなります。

最初と最後の文を呼応させる「サンドイッチ文」

名作には、秘密があります。

「メロスは激怒した」
「勇者は、ひどく赤面した」

これは、太宰治『走れメロス』の最初と最後の一文です。

並べてみると、この物語が、怒りではじまり、恥じらいやはにかみで終わっていることがわかります。顔の色を思い浮かべれば、どちらも「赤」。

明らかに文頭と文末をそろえています。「激怒」から「含羞《がんしゅう》」へ。太宰治は、文頭と文末をそろえることで、この小説が計算され尽くしていることを示しました。

「これは、わたしが小さいときに、村の茂平というおじいさんから聞いたお話です」
「青いけむりが、まだ筒口から細く出ていました」

新美南吉《にいみなんきち》『ごんぎつね』の、はじまりと終わりです。

誤って火縄銃で撃たれてしまったごん。

ごんが死んだことはお線香を連想させる「青いけむり」でわかります。

しかし、ごんは本当に死んでしまったのでしょうか。冒頭に戻ると、ごんぎつねの話が、この村では何代も語り継がれていることがわかります。

ごんの肉体は撃たれて死んだ。しかし、やさしいごんの心は、この村の物語として生きている。つまり、ごんは生きている。

新美南吉は、最初と最後の文章で、ごんぎつねの再生を描いて見せました。

冒頭と最後の文を関連づけて全体を包む。私はこの手法を「サンドイッチ文」と呼んでいます。

サンドイッチ文は、最初から最後まですべてを管理しているように見えるため、クレバーな印象を与えます。

そして、読後感をよりよいものにし、相手にその文章の内容をより印象づけることができます。

サンドイッチ文は、とくに企業や商品のPR文、プレゼンの原稿、企画書などを書くときに効果的です。

サンドイッチ文をつくる

サンドイッチ文をつくる際は、まず書き出しを考え、その次に結びの言葉を考えます。本文を書くのはそのあとです。

こうすることで、文章全体に統一感を与え読後感をよくすることができます。

ある企業を紹介する文章の書き出しを、

戦後間もない1948年、私たちはここ横浜の地で創業しました。

としました。２行目以降を考える前に、最後をどう締めくくるかを考えます。

キーワードは、「１９４８年」。今から70年前に創業しています。

もうひとつは「横浜」。産声を上げた地点は、企業スピリットの原点に大きくかかわります。

最初の一文は、明らかに過去に目が向いています。歴史をひもとこうとしています。となれば、最後の一文は、すべての歴史を語り終えたあとに目線を未来に向けるときれいに呼応します。

ですから最後の文章は、

70年を機に、１００年、２００年に向けて、私たちは横浜から世界へと羽ばたきます。


としました。

こうすれば、間にはさまれる本文は、企業の歴史、次の１００年、２００年につながる企業の展望。現在の製品、技術、システムがどう未来を切り拓くかなどを書けばいい。

さらに、港町横浜から世界に向かうグローバルな視点を入れることで、きれいにパッケージングされた文章になります。

最後の一文が決まらないときは、「私たちは○○物産です」などと、胸を張って自社の名を名乗った文を仮置きしておきます。

こうしておくと、みんなに誇れること、自信のあること、長所などが頭に浮かんできます。チームでプレゼンするときも、原稿の最後に「私たちは○○チームです」と書いておくと、自信たっぷりのプレゼンテーションに見えます。

出版業界では「最初の1行でこの本を買わせ、最後の1行で次の本を買わせる」と言われています。

文章の中で、最もインパクトのある冒頭と文末を呼応させましょう。

よくできた企画書の最初と最後を注意して見るようにしてください。

カギカッコを効果的に使う

選挙のスピーチ原稿を書くときのコツを教えましょう。

それはカギカッコ文、つまり会話を多用することです。

当選したいばかりに、自分の主張、政策を繰り返す。自分の名前の連呼やライバル政党、候補の批判に時間を費やす候補のなんと多いことか。

公共の場で、自分の主張ばかりをがなり立てたのでは、「何様のつもりだ?」と思われるばかりです。

選挙スピーチで大切なこと。

オバマ前アメリカ大統領の言葉を借りるなら、

「to listen, to learn, and to lead.（聞き、学び、リードする）」です。

自分がいかにリードするかよりも、どんな声に耳を傾け、何を学んだかのほうがずっと大切。聴衆はこれを聞いて「私たちのことをわかっている」と感じるのです。

これは、選挙のスピーチにかぎった話ではありません。

企画書でも論文でも、これを書くにあたりどれだけ多くの人を取材したか。そこで何を感じ、学んだかを書くと、文章はぐっと親近感の湧くものに変わります。

フェイスブックで、カギカッコ文を集める

あるとき、「無電柱化（電柱を地下に埋めること）」についての論文を書きました。街の景観や安全のために「無電柱化」の必要性をいくらでも論じることができます。しかし、これだけでは、自分の主張を声高に叫ぶだけの選挙演説と変わりません。

誰も振り向いてくれないでしょう。

そこで、フェイスブックを通じて、みんなの意見を聞いてみました。

すると、

「田舎で見る電柱や電線は文明がそこまできていることの証かなと思います」

「天文少年だった私は、電柱や電線、街灯さえなければいいのにと子どものころから思っていました」

「私の市では一部電線が地中化されています。でも、そこには街路樹がありません。県土木の話では、街路樹はメンテナンスの障害になるといいます。地中化している欧米の街、街路樹が植えてあるのになぜでしょうね？」

といった書き込みが続々と上がってきました。

自分ひとりでは思いつかなかった反対、賛成の意見が、「生の声」として届けられたのです。読み進めるうちに、自分の論文の中身が、いかにひとりよがりな主張だったかを思い知らされました。

結果、こうした声にていねいに答えていく内容に書き直さざるをえなくなったのです。まさに、「to listen, to learn（聞き、学ぶ）」体験でした。

こうした声をふんだんに入れた論文は、多くの方から「読みやすい」「いろんな意見があることがわかった」と好評でした。

これからは、ますますカギカッコ文の時代になる

こうしたカギカッコ文をふんだんに入れる文章が受け入れられるのは、インターネットという双方向メディアが定着し、あたり前になってきた結果でしょう。

私たちは本を買おうか迷ったとき、どこのレストランを予約しようかと悩んだとき、どうしているでしょうか。

まず、「口コミ」や「カスタマーレビュー」といった生の声を参考にするはずです。

本屋さんで本を選ぶ際も、書店の人が直接語りかけているようなPOPの文言を読んでいる。

最近の映画の広告は、監督や俳優、制作費、世界何カ国でヒットしたかという情報よりも、先行ロードショーを観た人の「あんな結末になるなんて」「最初からハンカチが手放せませんでした」「今度は、お母さんときます」といった声が中心になって

います。

文章の中にカギカッコ文を入れる。

自分とは違った人の声を入れることで、「あ、私と同じ考えだ」「私のことを言われているみたい」と感じてもらう文章に仕立てる。

その一つひとつに答えていってはじめて、リードできる（to lead）文になる。

ここまできてやっと、自分の主張で多くの人を引っ張ることができるのです。

最後に気をつけてほしいことがあります。

いくらカギカッコ文がいいといっても、録音記録をそのまま書いてはいけません。

「今日は友だちと、きたんですけどぉ。今度は、おかーさんときてみよっかなぁと、思ったけどぉ……」

こんな会話をそのまま文章化したのでは意味がありません。

カギカッコ文とはいえ、やはり要約が必要なのです。

“リズム”がいい文章は、短く伝わる

私は、**「文章は内容ではなくリズムで読ませる」**と、強く信じています。

私が学んだ小学校1年生の教科書に、こんな一文がありました。

小さい白いにわとりが、こむぎのたねをもってきて、みんなにむかって言いました。
だれがたねをまきますか。
ぶたはいやだと言いました。 いぬもいやだと言いました。
ねこもいやだと言いました。
小さい白いにわとりは、ひとりでたねをまきました。

（ウクライナ民話『小さい白いにわとり』より）

読んだとたん、メトロノームがカチカチと動くようなリズムの虜になりました。全文覚えて、お風呂で大声で叫び、トイレでつぶやき、自転車に乗りながら口ずさみました。

高校生のときに読んだ中原中也《なかはらちゅうや》の詩。

汚れつちまつた悲しみに
今日も小雪の降りかかる
汚れつちまつた悲しみに
今日も風さへ吹きすぎる

サーカス「山羊の歌」より

このリズムから入り、中原中也の詩をずいぶん暗記しました。

名文と呼ばれるものは、必ずリズムを持っています。文章に音楽が流れているのです。それを声に出して読み、身体になじませ、暗記する。

これを繰り返していると、自然とリズム感のある文章が書けるようになります。難しいことではありません。カラオケでよく歌う、好きな歌の歌詞を覚えるようなものです。

小学生に向けてコラムを書くことが決まったとき、「どういうリズムで書けば、子どもたちが音読し、諳《そら》んじてくれるだろうか」と悩みました。

思いついたのは、太宰治『駈込み訴え』の冒頭です。

「申し上げます。申し上げます。旦那さま。あの人は、酷い。酷い。はい。厭な奴です……」

このいきなりたたみかけてくるリズムをつくれないか。

試行錯誤の結果、

「あなたに手紙を書きます。友だちのできないあなたに手紙を書きます」

というリズムをつくりました。

幸い、多くの子どもが受け入れてくれて、手紙をくれる子どもたちが私のリズム、文体とそっくりな文章を書いてきてくれます。

リズムを覚えれば、どんどん自分で書けるようになるのです。

また、CMのナレーションをつくる際に、書いた言葉を全部「タタタタ」で置き換えて、リズムをたしかめることがあります。

例えば、

♪ バザ〜ルでござ〜る、バザ〜ルでござ〜る。（1991年〜 NEC）

ならば、「タタァ〜タタ　タタァ〜タ、タタァ〜タタ　タタァ〜タ」と言いながらリズムをたしかめる。言葉がないぶん、よりリズムが鮮明になります。

あなたも自分の呼吸にピタリとあったリズムを見つけてください。

小説や詩でなくてもかまいません。

マンガの中の一文、好きな歌詞、コマーシャルのナレーション……。

その言葉を何度か口で転がすうちに、自分の心身に心地よくはまるリズムが見つかるはずです。

声を出しながら書き進む

博報堂の大阪制作局に赴任したとき、先輩にストップウォッチをもらいました。「新しいのを買ったから、やる」と言って、古ぼけたデジタルウォッチをくれたのです。「どんなときに使うんだろう」と思っていたら、1年上のCMプランナーが、「あかん、こぼれた」などと、ブツブツしゃべりながら時間を計っていました。「あかん、こぼれた」というのは字数が多すぎて、時間内に収まらなかったということです。

その日から私も、ストップウォッチを左手に持って、文章を書くようになりました。文章を書く。時間を計りながら、それを読む。この一連の作業を繰り返すうちに、ブツブツと声を出しながら文章を書くクセがついてしまいました。

周囲の人には迷惑かもしれません。しかし、声を出しながら文章を書くメリットははかりしれないものがありました。

まず、眠くなりません。

人間の集中力は、わずか8秒程度。つねに、邪念や妄想と闘いながら私たちは文章を書くわけです。

少しでも長く集中するには、目と手だけでなく、耳や口も使ったほうがいい。五感をフル活用させて書いていくのです。

学生時代に英単語や歴史年表を暗記する際に、あなたも経験したかもしれません。抑揚をつけて声を出し、ノートに何度も単語を書くほうが、黙って単語カードを見ているより、ずっと記憶できたはずです。ブツブツ声に出すと脳が活性化するのです。

次に、文章にリズムが出てきます。

声に出せば、句読点をより意識するようになるからです。

「、」を打ちすぎて過呼吸のような文章。一文が長すぎて、息の苦しい文章が、すぐにわかります。

また、「ユーザーエクスペリエンスをソーシャルな形でローンチする」というような文章のキレの悪さ、意味の伝わりにくさを自分で判断することができます。

さらに、声を出すことで表現力が増します。

お経のように抑揚がない。長すぎる。同じ言葉を繰り返している。語尾に工夫がない。こういったことが、たちどころにわかります。

目で追っているときはまんざらでもないように見えた文章。声に出せば、そんな自己満足はすぐにへし折られます。

「この文章を2つに分けよう。会話文をはさんでみるか。全部読んで、1分以内にまとめよう」

そんな工夫を自ずとするようになります。

声に出すことで、自分の文章を客観的にとらえることができるようになるからです。

大声を出して、文章をたしかめる

前述した、小学生に向けた550字程度の新聞コラムは子ども向けなので、お母さんが読み聞かせに使うこともあります。もちろん、子どもたちが大声で読むこともある。それを考え、ある工夫をしています。

声に出しながら書いたあと、「ウタエット」という、メガフォンを逆さにしたようなカラオケの練習グッズを使います。

大声で歌っても大丈夫な消音メガフォンを口にあてて、大声で550字コラムを読んでみるのです。恥ずかしくて人には見せられない姿です。それでも、牧師のように子どもたちに話しかけるようなポーズをとりながら読んでいます。

ブツブツとつぶやいているだけではわからない、息つぎの悪い部分や単調なところが見えてきます。

このように、声を出して読める文章に再調整して原稿を編集にまわしています。

声に出すから「言霊」になる

言葉には「言霊」があります。

言霊は、声に出してはじめて存在するものだと言われています。頭の中で思っているだけでは、言葉に魂は込められないのです。

これは、「言葉」の本質をよくとらえた考え方です。

人類の歴史は黙読よりも音読のほうが古く、長いのです。

声帯を震わせ、息に乗せて声に出すものが本来の「言葉」。スマホやパソコンでテキスト情報を入力することが主になってしまった私たちは、言葉における「音」の大切さを忘れてしまいがちです。

つぶやきながら文章を書き、声に出して読み上げてみてください。

あなたの文章に、だんだんと魂が込もっていくのがわかるはずです。

Q&Aで読み手に頭を使わせる

忙しい相手に確実に、必要な部分を読んでもらうためには、「Q&A（問いと答え）」方式で書くことも有効な手段のひとつです。

相手が疑問を抱く内容を想定し、それに答えていく。こうすれば相手は、関係ないところを飛ばして、必要な部分だけを読むことができます。例えば、

地下フロアは、マーケットとしての利便性のみならず、レストラン機能が充実している面も強調すべきである。なぜならイートイン機能のついたコンビニが増え、「買ってすぐ食べる」スタイルが定着しつつあるからである。

と書くよりも、

Q. なぜ、地下フロアのレストラン機能を強調する必要があるのか。

A. マーケットの利便性だけでは顧客満足が得られないから。
イートイン機能のついたコンビニが増え、「買ってすぐ食べる」スタイルが定着しつつある。

と、「Q：質問」の部分を設けたほうがわかりやすくなります。

相手がその質問を「必要ない」と思えば、読まずにすむわけです。

とくに、ネット上の文章を読む場合は、スクロールが原則。

文章の8割近くが読み飛ばされていることを意識して、文章のスタイルを決めるようにしましょう。

苦しいときのクイズ頼み

テレビの世界では「苦しいときのクイズ頼み」という言葉があります。クイズ番組は視聴率に強いのです。バラエティ番組の構成にも、クイズ形式が取り入れられているのは、見てくれる人が多いからなのです。

なぜ、クイズ形式が強いのか。

それは、視聴者に「ちょっと考える」ことを強いるからです。

受け身ばかりでは、脳は怠けるばかりです。ほんの少しでも考えると脳が緊張します。「答えなきゃ！」と思うわけです。その答えが合っていようがいまいが、人は「ちょっと考えた経験」を記憶していくからです。

この「Q&A」方式をたくみに利用しているのが池上彰さんでしょう。

彼は、テレビ解説でも、著作でも「〜はなんなのか？」「そもそも、どういうことなのか？」「これからどうなっていくのか？」と、「Q&A」を多用します。

池上彰さんの魅力は、視聴者や読者が、「ちょっと考える↓意外な解答、知らなかった知識が返ってくる」という達成感と、お得感を同時に味わえる点でしょう。

このテクニックを使わない手はありません。

「Q&A」で文章を書いていく。これを身につけるには、日ごろから何にでも自問自答する習慣を身につけることが大切です。

例えば、前述した、スーパーマーケットの店員なら、

「なぜ今日は、肉が売れたのか？」
「それは熱帯夜が3日続いていると訴えたから。危険なほど暑いときは、さっぱりした食品を訴求するより、〝スタミナ〟を訴えたほうがいい」

「なぜ急に、オイルサーディンの缶詰が売れたのか？」
「受験の季節なので、テレビで〝DHAの脳への効果〟という情報が流れたから。この季節は、受験生向けの商品が売れる」

など、つねに「なぜ」「〜だから」と、自問自答するようにします。
それを、そのまま文章にすれば、読みやすくて伝わる文章になるのです。

column

コピペは、バレると心得よ

私が教鞭をとっている明治大学の講義は、1コマ100分です。90分講義をやって、残りの10分を使い学生たちに「リアクションペーパー」というものを書いてもらいます。

この講義で学んだこと、疑問点、印象に残った言葉などを所定の用紙に書く。短い時間にもかかわらず、多くの学生が紙面が黒々するほど感想や疑問で埋めてきます。

なかには、辛辣な意見もあります。すぐには答えられない疑問もあります。私の発言を聞いて、さらに深く発展させた意見を書いてくる学生もいます。

私は「リアクションペーパー」が大好きで、つい採点することを忘れて読みふけってしまいます。

なぜ「リアクションペーパー」が面白いのか。

それは、10分という時間で、今聞いたばかりの内容について、手書きで書いてくるからです。検索などしている時間はありません。文章は粗く、漢字の間違いもあります。

しかし、それを凌駕する熱さや真剣さがある。自分で考えたものを人に伝える真髄がここにはあります。

とはいえ残念ながら、すべての学生が熱いわけではありません。

明治大学のほかにも、さまざまな大学の就活生と話をする中で、エントリーシートやレポートを読んでがっかりすることもよくあります。

とくに許せないのが、「コピペ」。

エントリーシートの「志望動機欄」を見ると、ネットで検索した会社案内を平気でコピペしているのです。

読めばすぐにわかります。自分で書いた部分とコピペした箇所とでは、句読点の打ち方が違う。ひどいものになると「です、ます調」と「だ、である調」の違いも直さず、そのまま「コピペ」しているものもあります。

最近増えているのは、たくさん内定をもらった先輩のエントリーシートからの「コピペ」。明らかに別人が書いています。

こちらもプロですので、この程度の違いは一発で見抜きます。私だけでなく、企業人なら誰でも見抜くでしょう。プロを舐めてはいけません。

ネット社会は、コピペ社会です。

「シェア」によって、本人の与り知らないところで書いたものが世界に拡散されていく。人の文章や写真を簡単に使うこともできます。

以前、私がフェイスブックに書いた文章を丸々使っているブログを発見したことがあります。

あまりに大胆に引用しているので、逆に自分で気づかぬほど。しかも私は、自分で書いたにもかかわらず、「もしかしたら、この人のほうが先に書いていたのかも。私のほうが盗作と疑われるんじゃないか」と不安になったくらいです。

ですが、間違いありません。それは私の書いた文章でした。なぜなら「てにをは」の間違いまでがしっかりコピペされていたからです。ホッとするやら、情けないやら。

「文章の大半は、すでに太古に書かれている」と言われています。

私は日ごろ、ハウツー本をあまり読みません。こうして「新しいコツやノウハウ」のつもりで書いていても、先に誰かが同じことを書いているケースは容易に想像できます。

しかし、人の文章をちゃっかり盗用したものと、自分の力で紡いだものはやっぱり違うでしょう。

その人固有の視点や息遣い、経験や生き様が文章には宿っているはずです。

ドイツの哲学者ヘーゲルは、本からの引用を紙に正確に写したそうです。それを眺めながら、批判的な意見を述べる。

「なぜそう言い切れるのか」と問うてみる。徹底的に批判したうえで、もとの引用と自分の批判とを重ね合わせ、「よりよい意見」をつくっていきました。

これが「弁証法」ですね。

本やネットで見つけた意見をもとに文章を書くときは、このヘーゲルのやり方を参考にしましょう。つまり、見つけた意見に自分の批判、意見、経験を重ね合わせて、相手の意見を超える考え方をつくる。こうすれば、新しい意見はあなたのものです。

「学ぶ」の語源は、「まねぶ」。真似をするところからすべての勉強ははじまります。しかし安直に「コピペ」をするのは「真似」ではありません。「盗み」です。

引用するときは参考文献等を明確にする。さらには、その引用文を参考に、自分の考えを照らしてオリジナルな考えをつくる。

この努力、ネット時代だからこそ、忘れずにいたいものです。

第4章

スピーチライター流文章力を磨くトレーニング

「メモ力」をつけるトレーニング

ここまで、短くても伝わる文章を書くためのさまざまなコツをお伝えしてきました。第4章では、私がさまざまな方から学び、実践している文章力を上げるためのトレーニングを紹介していきましょう。

あなたは、テレビから流れるニュースを聴いて、どれくらいメモできるでしょうか。一度、挑戦してみてください。

紙とペンを用意して、ＮＨＫのニュースを書きとっていく。思った以上にできないはずです。スピードについていけず、難しい単語に立ちどまってしまったでしょう。

ＮＨＫでアルバイトをしていたころ、番組ディレクターの人がよく昼食に誘ってくれました。大半はＮＨＫの食堂で、テレビからはニュースが流れていました。

「ニュース、書きとれるか?」そう言われて、持っていた大学ノートを開いて挑戦。ひと言目から漢字がわからなくて往生しているうちに終わってしまいました。

今度はディレクターの番です。定食を横にずらすと、私のノートを目の前に置き、次のニュースに集中します。

声が聞こえた瞬間に、紙に文字が書き出されていきました。まるで、ペンの中に文字が仕込まれていて、マヨネーズのように出てくるようでした。

驚いて文字を眺めると、記号や意味のわからない図も交じっている。多くは、話しはじめのひと言ふた言と、大事な単語がカタカナで書かれていました。

「こんなメモで、何を言ったかわかるんですか?」と尋ねました。すると、ディレクターはメモを見ながら、流れたニュースをほぼ正確に語ったのです。

今のような優れた録音機材がなかった時代、新聞記者やテレビマンたちの「メモ力」は、それこそプロの技でした。

相手にメモしていることがバレないように、短い鉛筆でポケットの中でメモするところも見せてもらいました。

「ひきた君。メモはあくまでメモなんだ。そこに書かれたものは、自分があとから再話するのに必要最小限なものでいいんだ」

「再話」とは、話を聞いたり、読んだあとに原稿を見ないでそれを知らない人に伝えること。これを目的として、自分が思い出しやすいメモのしかたを考えるべきだと、ディレクターは教えてくれたのです。

再話力を身につける

たしかに、誰かの真似をして記号、矢印、略語を使って書いてもうまくメモできるものではありません。内容を聞くより、「あ、ここは矢印だな」なんて考えるほうに気をとられてしまうからです。

メモ力を上げるトレーニングは、たったひとつ。

毎日ニュースを書きとり、記憶する訓練をする。暇さえあれば、人の話をメモする。

地道な実践しかありません。

やっているうちに、自分のスタイルを見つけることができるはずです。

聞こえてきた単語を頭だけ書く方法もあれば、マインドマップ風にレイアウトしていくやり方もあるでしょう。

やり続けるうちに、自分なりの様式が生まれ、洗練されていきます。

スピーチライターの私にとって、メモのとり方は死活問題です。

NHKのディレクターに「再話」が大切と教えてもらって以来、あれこれ試してきましたが、今なお発展途上です。

ひとつ、私なりの方法を書くとするなら、**メモの内容は、紙に定着させるよりも、ペンの動きを通じて、腕の筋肉に記憶させること。**

つまり、なるべく手を大きく動かして、大事なところは大きく、正確性が求められるところは、ゆっくりていねいに書きます。人から見れば、ミミズが這っているようなノートに見えますが、これが私にいちばん適した再話の方法なのです。

ニュースをメモしていく。

簡単なトレーニング法ですが、地道に続けていけば、聞いたそばから覚えるクセがついてきます。

大切な箇所とそうでない部分を瞬時に見分ける要約力がつきます。

傾聴力も増し、今聞いた話を知らない人に再話することもできるようになります。

忘れてならないのは、メモはあくまで記憶の補助だということ。

作家の開高健《かいこうたけし》さんは、すばらしいルポルタージュをたくさん書きましたが、メモはいっさいとらなかったそうです。

鮮明な記憶だけで文章を紡ぎました。

まずはニュースに集中すること。その補助としてメモに工夫を加えていく。

この順番を忘れないでください。

「道順を教える力」をつけて、「要約力」を鍛える

ここまで、「短くても伝わる文章」を書くには、要約力が大事だと繰り返しお伝えしてきました。その力を鍛えるためにいい方法があります。

「道順を教える力」をつけることです。

あなたは、人に道順を伝えるのが得意ですか。

もし得意ならば、要約する際の思考プロセスができています。

「道順」を伝えるのに、文学的な修飾はいりません。心にじーんと響く名言も、オチも必要ありません。目的は、正確に、迅速に、目的地に到着させること。

これは、物事を要約することと同じ。つまり、「道順」を教える思考プロセスができれば、要約力が上がるのです。

「道順」を教えるのが苦手な人には特徴があります。

説明が「紙芝居」のような絵になっているのです。

例えば、「そこを右に曲がると、花屋さんがあって、そこをずーっといくと、今度は、コンビニが見えます」という具合。

頭の中に浮かんでくる風景を、ただ紙芝居のように順番に並べているだけ。1枚、1枚のつながりがわからないのです。

また、説明が詳しすぎるのも、苦手な人の特徴です。

「懇切ていねいに教えたほうが相手の理解も深まる」そう信じているのでしょう。しかし、聞くほうは情報過多で混乱するばかりです。

道順の説明方法

では、道順の説明方法を学んでいきましょう。

まずは、道のわからない人に全体像を示します。

「駅から私の家までは、女性の足で10分前後です」などと、具体的な時間を示すことによって「うちの家と同じくらいの距離だ」といった全体像がわかり、安心感も生まれます。

2番目は、「出発点」をしっかり示すこと。

「駅の西口改札を出てください。ここをスタート地点とします。道路を隔てて、右側に、青い看板のコンビニが見えます」

といったように、出発地点を間違えないようにすること。要約のプロセスにとって最も肝心なところです。「ここが出発点です」と、はっきり言いましょう。

3番目は「基準」になるものを絞ること。

交番で「道順」を教えるときの基準は、「信号」と「公共の建物」だそうです。「3本目の道を左に入って……」などと、「道」を基準にして説明すると、小道や斜めの道を見逃すことがあるからです。

「コンビニの前の信号をひとつめとしてください。**その信号から数えて、3つめの信号まで歩いてください。通りの反対に、郵便局、〝誠屋〟というクリーニング店が見えてくれば正しい方向です。**その信号で、道のりの7割はきています」

最後4番目は、具体的な目印を示すことです。

「信号」や「公共物」を目印に歩いてもらう。家が近づいてきたら、細かい情報を、名前、色、広さなどを交えて具体的に語りましょう。

「クリーニング屋を越えて、すぐ右に曲がると坂になった道になります。**左手に空手道場の赤い看板が見えてきます。その先の〝小林クリニック〟と書かれた緑の看板を越えます。白いアーチの鉄柵のついた家から2軒目が私の家です**」

いかがですか。

1．全体像を伝える。

2．出発点を決める。

3．信号などの目安で動かす。

4．色や形など具体的に描写をしていく。

ぜひ、あなたも「道順」を伝える訓練をしてください。

目的に向かって、まっすぐに進む文章。要約力のある伝え方は、「道順」を伝えるようなものと心得てください。

これができるようになれば、「仕事の進め方を教える」「得意のレシピを伝える」「掃除の手順を教える」など、さまざまなことに応用できます。

できることなら、考えた道順どおりに歩いてみてください。

工夫できる部分が見つかるはずです。その創意工夫の繰り返しが、「短くても伝わる文章」を書くための練習になるのです。

小学校の算数の問題を写してみる

「算数の文章題は、読むだけでなく書き写しなさい」

これは、私が小学校時代に通っていた「藤原塾」で教わったことです。

> まっすぐな線路上を、列車が一定の速さで走っています。最初に汽笛を鳴らしてから6秒後に、前方の壁からこだまを聞きました。こだまを聞いてから10秒後に汽笛を鳴らすと、今度は4秒後に同じ壁からこだまを聞きました。このときの列車の速さは毎秒何メートルですか。音の速さは毎秒330メートルです。
>
> （ラ・サール中）

「面倒だなぁ。なんでこんなことをやる必要があるんだ？」と思いながらも、まじめに問題を写し続けました。算数が苦手だったので、藁《わら》にもすがる思いでした。

「勉強ができない子の大半は、問われている内容がわかってないんや。問題を出した人が、何を尋ねているのか。それを知るのは、出題者になったつもりで書き写すのがいちばん早いんや」

藤原先生はそう言いながら、まずノートに問題を写させます。「次の計算をしなさい」のような簡単な問いでも、ノートに写すところから勉強をはじめました。

効果が出てきたのは、半年以上たってからでしょうか。

計算問題のミスは直りませんでした。しかし、「旅人算」「つるかめ算」「方陣算」といった文章題がわかるようになってきました。とくに勉強量を増やしたわけではありません。藤原先生が言うとおり、「何を問われているか」がわかってきたのです。

出題者の側に立つ

この勉強法を続けていると問題を見たとたん、

「ははぁん、ここを突いてきましたか」

「なるほど、裏をかこうとしてますね」

などと、出題者の心理が読めるようになります。国語が好きになったのも、出題者の側に立てば、簡単に問題が解けたからです。

私が今、広告会社に勤めながら、塾や学校で教えることができているのも、早くから先生の側に立って考えてきたから。

「問い」を写し続けることで、「問う側の心理」に立てるようになったからでしょう。

徹底的に問いを考える

算数の問題を写す勉強法は、ビジネスの世界にも生きます。

多くの仕事は、「何を問われているか?」を考えることからはじまります。上司から、会社から、得意先から、世の中から何を問われているか。それを考えずに、自分の好きなことをはじめても成功はありえません。

図形問題を問われているのに、「順列・組合せ」の問題を解いているようなものです。

今、私が問われていることは何か?

これを出題者の側に立って考える。これが、解答への近道です。効率よく正解を述べる文章を書くコツです。

徹底的にアウトプットする

文章上達の秘訣は、アウトプットの量で決まる。

私は、そう信じています。

文章だけではありません。美空ひばりは、生涯１５００枚を超えるレコードを吹き込んでいます。イチローが、日米通算４０００本安打を打ったとき、「４０００本のヒットを打つには、８０００回以上の悔しい思いをしてきた」と述べました。

自信がない。気分がすぐれない。不得意分野だ。言い訳ばかりしているかぎり、文章がうまくなるとは思えません。

１冊目の本を書くとき、担当編集者が言いました。

「ひきたさん、本を書いて自分の文章を晒すってね、街の真ん中で、素っ裸で踊るようなもんですよ。周囲の人を巻き込むかもしれない。罵声や嘲笑が雨あられと降ってくる。本ってそういうものです。私も若いころは自分で書きたかった。でも、その覚悟がなくて、書けなかった」

心に深く残りました。本を出す喜びと、これからの人生が暗夜行路になるかもしれない。そんな不安が同時に私を襲いました。

しかし、今は「晒される恥ずかしさ」に耐える力を養うことができます。以前よりずっと簡単です。ＳＮＳがあるからです。

私は、２０１１年にフェイスブックをはじめました。東日本大震災の折に、ＳＮＳの驚異的な力に驚いて飛びついたのです。

当初は、ツイッター程度の長さだったのですが、今は１０００字程度のコラムを毎日３本から5本掲載しています。

２０１７年6月にフェイスブック社が調査をしたところ世界のユーザーは20億人を突破。毎日8億人の人が「いいね！」を押しているそうです。

ただ、日本ではほかの国に比べて普及が芳しくありません。ひとつには、記名が原則で、誰が書いたかわかってしまう点が日本の風土、とくに若い人の支持を得られないからだと言われています。テキストが中心なのも口に合わないのでしょう。

しかし、文章修業は、そこにポイントがあるのです。

記名で文章を書く。それにどれだけの人が「いいね！」を押し、コメントを書いてくれるかを測る。

公の場で文章を書く修業が簡単にできるのです。

年間1000を超えるコラムを書くのは、並大抵の覚悟ではできません。徹夜の日もあれば、落ち込んだり悩んだりして、文章を書く気になれない日もあります。

しかし、それでも朝6時起きで、コラムを書く。

頭にあるものを1滴残らず絞り出す。この作業を毎日続けることによって、その日1日をハングリーに過ごすことができます。

「明日のネタを探さないと！」という飢餓感が、中吊り広告やタクシードライバーとの会話、本屋で拾った言葉などを鮮明に記憶する力になるのです。

ネタを溜めておくことはしません。入ったらすぐに書きます。ネタには旬があり、大事にとっておいても腐るだけだからです。書いたものをストックしておくこともしません。データベース化するよりも、自分の記憶を信じること。あとで検索しなければいけないようなコラムは、たいしたものではありません。何度も再話できるほどのものになって、はじめて自分の文章と言えます。

書く行為をイベントにしない

書く行為を、イベントにせず、日常に溶かす。

最後には「書く」ことを呼吸のように、無意識になるほど身体化させていく。

量を書くことで、自分の文章が様式化され、洗練されていくのです。

「まだ、十分固まっていない」「自分の納得いくレベルにまで達していない」。

こうした言い訳づくりをしないこと。それは、自分が決めることではありません。

フェイスブックに掲載すれば、人がしっかり評価してくれます。

フェイスブック上は「友だち」という表記になっていますが、面白くなければ「いいね！」の数は増えません。

押してくれた人を分析すると、文章の方向性によってきれいに分類できます。つき合いで押してくれているように見えて、そこには厳しい基準や好き嫌いがあるのです。

こうした評価に早く慣れること。慣れないと、文章を書くことから逃げ続けてしまいます。

自分への言い訳ばかりがうまくなり、あえて失敗する選択をしてしまうことにもなりかねません。

天才とは、量産できる人のことです。どの世界においてもこの法則は、変わりません。

自分専用の「名文ノート」をつくる

「これが言いたいらしいという言葉を抜きとって、オウム返しにする」（銀座のママ）

「なんでもやってからものを言え」（小椋佳）

「人間は好き嫌いで働くものだ。論法で働くものじゃない」（夏目漱石・『坊ちゃん』）

これらの言葉を抜き書きしたノート。日付を見ると1993年1月とあります。

今からちょうど25年前に書いたノートをパラパラとめくりながら、この文章を書いています。

そこには、まだご存命だった、黒澤明《くろさわあきら》監督の言葉、上司の苦言、詩人シャルル・ボードレールのつぶやきが書かれています。

「〝古池や　蛙飛び込む水の音〟というＣＭをつくれ。おまえのは、今、蛙が古池に飛び込んだ、としか説明していない」

厳しい先輩の言葉でしたが、当時は憤慨するばかり。しかし今となっては、この言葉の的確さ、深さ、温かさが伝わってきます。

「名文ノート」のつくり方

自分に影響を与えた言霊を、ていねいに書き留めていく。あなたにもぜひこの作業をやってほしいのです。

有名、無名を問いません。主役は「言葉」です。眺めていると、当時の自分が何に興味を持ち、苦悩し、どんな言葉に救われたかがわかります。

「企画書は、45文字で考えろ」
「電話で言える企画書を書け」

25年前に、先輩に言われたこんな言葉が私をつくり、今、あなたに向けて本を書いていることがわかります。自分ひとりで書いているのではなく、集めてきた情報や悩んだり、考えてきたことの総体が、私に本を書かせているのです。

あなたの文章をよりよくするためには、あなたの日々の暮らしの中で感動した言葉、突き動かされた言葉、傷つけられた言葉をコツコツと集め、整理することです。

これはメモではありません。自分なりの辞書をつくる感覚に近いのです。

選ぶノートは通常のものよりぐっと高いものを選びましょう。20年、30年先まで保存できることが重要です。

それだけの期間、保存するにふさわしい言葉が書き込まれることを意識します。値段が上がれば、字もていねいになります。無駄なことを書き込む気持ちも抑えられます。

紙切れのメモやスマホに保存した言葉の中から、「これは辞書に入れよう」と思う言葉を万年筆で書いていく。習字の感覚に近いでしょう。

こうして溜まったノートを、何度も読み返す。

一度自分の身体を通り抜けていった「肉体語」は、そこらの本や辞書をパラパラめくるより、ずっとあなたに訴えかけるものがあります。

「あぁ、あのとき怒られたのは、こんな失敗をしたからだ」「この言葉に、苦しい場面を助けられた」と、思い出が蘇ってくる。

言葉と思い出がひとつになれば、あなたなりのエピソードがすぐに生まれます。朝礼、結婚式、プレゼンの冒頭で語る自分の体験談が、きれいにまとまっていくのです。

「コピーの1行目は、アイキャッチなだけではダメだ。イヤーキャッチになっていなければいけない」

ダメ出しされたコピーはとうに忘れたけれど、先輩のこの言葉はイヤーキャッチとして耳に残っている。古い名文ノートが、今なおいろいろなことを教えてくれます。

ラジオから言葉を拾う

ラジオからテレビにメディアの主力が移りつつあった時代。イギリスでは長い間、この2つが併用されていたそうです。

ラジオは古い、テレビは新しいと決めつけることなく、どちらにも利点があると考える。この話を聞いたとき、「大人の国だなぁ」と思いました。

この影響もあって、私は靴を磨いたり、風呂掃除などの家事をする時間に、よくラジオを聴いています。

とくに、どの局のどの番組と決めているわけではありません。音楽ではなく、井戸端会議のように人が話しているのを聴く。聴取者からの手紙にパーソナリティが応えている番組を聴きます。

テレビで大々的に取り上げられるわけでもなく、インターネットで何度も再生されるわけでもない。流れては消えていくラジオ番組の中には、聴取者の赤裸々な本心が出た手紙が紹介されます。それに応えるパーソナリティも、気持ちのいい距離感を保ちながら、聴き手の心と身体を健康にするような言葉を並べます。

「汗っかきで、みんなが集まる場所に出るとくさいと思われないか心配で、学校にいきたくなくなります」

という高校生の悩みに対し、

「お相撲さんは、取り組みの前に緊張と興奮でいっぱい汗をかくんだよ。それは手や足の裏に汗をかいて踏ん張ったり、相手をつかみやすくするためでもあるんだ。ところが、取り組みがはじまった瞬間に汗がひく。緊張から集中に変わると、さっと汗がひくそうです。君も汗の仕組みを知ってごらん。人からどう思われるかじゃなくて、汗のメカニズムを理解すれば、『あぁ、私は今、緊張しているから汗が出るんだ』と自分で自分を分析できるようになるよ」

と答えていました。

知識を思いやりに変えた非常に気持ちのいい回答でした。

ラジオのパーソナリティは、人気があるだけでは成立しません。次の人気者が出ればすぐに代えられてしまいます。

長く続く人は、聴いている人を元気に、健康にする言葉を持っている。ひだまりのような暖かさやマイナスイオンのような涼やかさがある。

「今のひと言、すばらしい返しだなぁ」「なるほど、人に責め立てられたときは、こう一歩引くのかぁ」と感心することばかりです。

言葉のメディアに浸ろう

書くたびに、150人ほどの「いいね!」や「コメント」をもらう私のフェイスブックも、昔よく聴いていた「深夜放送」のような雰囲気にしたいと思いながら書いています。

さまざまな方向のコラムを書いて、気に入った人から井戸端会議に参加してくれる。自分が望んでいたのとはまったく違う井戸端会議が進んでいくのを見ていると、自分の考えの狭さ、浅さに気づかされるものです。

ラジオには、文章を学ぶうえで役に立つことがもうひとつあります。

例えば、あなたがなんとかして得意先を説得したいと願い、企画書を作成していたとします。

来る日も来る日も、「どう書けばわかってもらえるだろう」と思っています。こういう状態でラジオを聴くと、ふとその答えのようなひと言が聴こえてくる。

ニュートンがりんごを眺めたときのように、アルキメデスが風呂の湯があふれるのを見たように、「あ、これだ！」とひらめくのです。

不思議なことではありません。

あなたの中の潜在意識が、そのひと言をキャッチするのです。

クリエイターの多くは、こうした瞬間を求めて、本屋に入って背表紙のタイトルを眺め、電車に乗って人を眺め、中吊り広告を読みます。

酒場にほかの客の会話を聞きにいき、ネットサーフィンを繰り返します。

ラジオは、言葉のメディア。

それも話し言葉が延々と続きます。家にいながらにして、酒場や電車の中の会話を聞いているようなものなのです。

新しい視点、なかなか見えない深層心理、経験から絞り出したようなひと言をシャワーのように浴びていれば、「そうか！　こう言えばいいんだ！」というようなひと言に出合えるはずです。


最近はスマホでも簡単にラジオを聴けるようになりました。

これまで電波の届かなかった、離れた地域の放送局の番組も聴くことができます。

身支度をするとき、洗濯物を干すとき、料理の合間、寝る直前、ラジオを聴くことをおすすめします。

column

書くときは「短時間集中」を心がける

ここ数年の脳科学における進歩はすさまじいものがあります。

脳の外側から、どの部位がどのくらいの時間働くのかが把握できる。これによって人間が集中できる時間がわかるようになりました。

「集中」の解釈によって発表される時間はさまざまですが、がんばって15分ではないでしょうか。

こう考えると、NHK「朝の連続テレビ小説」の人気が落ちないのも合点がいきます。定時に15分。しかも、「連続ラジオ小説」の流れをくむ番組づくりは、朝の忙しい時間帯でもストレスなく視聴できるようナレーションをうまく利用して、画面をずっと見ていなくても内容がわかるよう工夫されています。

忙しい毎日のなか、1時間、2時間とまとまった時間をとろうと思ってもどだい無理。何かやろうとするには「スキマ時間」を活用するしかありません。

文章を書く時間を「15分」と心得る。

その時間は、ネットを見ない。文章を書くことに集中する。これを重ねていけば、かなりの量の文章が書けるようになります。

私は、「TIME TIMER」というアプリを利用しています。

これはアメリカの小学校などで利用されているカウントダウンのタイマーです。15分に設定すると、赤い丸が画面に現れる。スタートすれば、丸が時間とともに欠けていきます。

使いはじめたころは、「15分ってなんて短いんだ!」と思いました。

しかし、続けているうちに、頭の中に「だから、なんなんだ!」「もっと簡単に書けないのか!」「ああ、まどろっこしい!」というような声が上がります。

急かされて書くうち、ボクサーのような時間感覚が身についてきます。

仕事の移動時間、就寝前、会議と会議の合間など「スキマ」を見つけては15分だけ集中するようにしています。

こうすることで得られる効能は、時間の有効活用だけではありません。

仕事を途中でやめる力も身につきます。

私たちは、つい「キリのいいところまでやってしまおう」と考えがち。「今日中に終わらせよう」「今週中に提出しよう」などと、早く終えて安堵したくなります。

しかし、このやり方では、与えられた時間サイズの仕事しかできません。時間内に終わらせることが先行して、やっつけ仕事になります。

この忙しい日々の中で、いくつもの仕事を走らせようとするならば、「途中でやめる」勇気がいるのです。

15分、集中する。それをすぎたらいったんパソコンを閉じ、次の隙間がくるのを狙う。キリのいいところまで、完璧に終えてしまえば、たしかに安心です。しかし、その安堵感のせいで、「もっといい企画を練ろう」という気持ちが失せてしまうのです。

会社の仕事をこなしながら、原稿の執筆や講義のレジュメを作成するのは物理的に難しいところがあります。

私の場合は、スマートフォンの出現によって、電車の中でもベッドの上でも、いつでも執筆できるようになったからやっていけるようなもの。

現にこの本も、朝の通勤と仕事の移動の2回、食後の15分を使ってここまで書き進めました。

「途中でやめる」ことによって、アイデアが広がったり、つまらない箇所を削ったりもしました。

いっきに書くよりは、慣れてしまうとラクに、大量に書けるようになるものです。多くの本に「スキマ時間を利用せよ」と書いてあります。

私から言わせれば、そんなのはあたり前ではないか。むしろ「スキマ」と言われる時間こそが、本業に振り向けるべき時間だと思うのです。

15分の集中時間を1日に何回つくることができるか。「朝ドラタイム」を自分でどれほど意識的につくれるか。

工夫しだいで時間はつくれます。人は自分が思っている以上に、ぼーっとしている時間が長いものです。

集中が切れると、頭の中には、あちこちに気を散らす「モンキーマインド」が出てきます。落ち着きのないサルたち、雑念が湧いてきたら途中でも無理はせず、次の「朝ドラタイム」を待つ。

15分集中を再度、試みましょう。

第5章

ケース別 相手の心を動かす文章の書き方

企画・提案書はプレゼンを想定して書く

広告会社の企画・提案書は、多くの場合、競合プレゼンテーションが前提です。得意先の前でうまく説明できなければ、精緻なデータも斬新なコピーも無駄になってしまいます。

若いころ、「プレゼンの場で何をしゃべるかを想定して企画書を書け」と先輩に言われました。プレゼン時間は30分。そこに2時間かけなければ理解されないような企画・提案書を持っていっても意味がありません。

精緻なデータや斬新なキャッチコピーももちろん必要です。しかし、全体のバランスを考えて企画書をつくらないと、先方の評価基準を超えることはできません。

演説や会見など、人前で語る文章を書くスピーチライターは、企画・提案書を作成する際も、「プレゼン原稿」を先につくります。プレゼンの日、与えられた30分の中で何をしゃべるのか。それを想像しながら企画を進めます。

もちろん、当初はデータもコピーもありません。スカスカな原稿です。

しかし、この提案の目的は何か、現状にどんな問題点があるのか、何を解決すれば、ヒトやモノを動かすことができるのかを想像することはできます。先方からもらうオリエンシートを自分なりに解釈して、読み言葉の原稿を書いていきます。

広告会社では、各パートの専門家が集まって、ひとつの企画書をつくります。マーケッターやクリエイターが、各々の能力を発揮して、そのパートの企画・提案を練り上げていきます。あっと驚くコピーを持ち込む人、「そういう見方があったのか！」と膝を打ちたくなるようなデータの解釈をする人、やたらタレントに詳しい人、イベントの現場の専門家……。

そんな人々が集まって、ワイガヤ（＝ワイワイガヤガヤ）を繰り返しながら企画を煮詰めていきます。

アイデアが出るたびに、最終プレゼンのスピーチを書き換える。一から書き直すこともしょっちゅうです。

しかし、毎回アップデートしながらプレゼン当日に何を語るかを書き直している過程で、「この部分がまだ弱いな」「ここには、あの部長からツッコミがありそうだ」などと弱い部分が見えてくる。逆に「今回はクリエイティブが売りになるから、時間配分を変えよう」などと強みも見えてきます。

「最終シナリオ」を想定しながら、企画・提案書を考えていくと、バランスのいい、多少の逆風にもへこたれないものをつくることができるのです。

手紙で企画を練り込んでいく

スピーチライターの私は、こういうスタイルをとりますが、コピーライターの故・岩崎俊一《いわさきしゅんいち》氏は、手紙の形式で企画書を書きました。その商品に対する思いのたけを、手紙に込めて、企画・提案書にするのです。それは、たんに得意先に向けたものではなく、直接生活者に、今の時代に向けた手紙でもありました。

読んだ人の心をじーんとさせる言葉こそが、岩崎さんの企画・提案だったのです。

あなたも企画・提案書とは別に、その内容を手紙形式でまとめてみてはいかがでしょうか。プレゼン時に相手の心を動かす言葉を得ることができるはずです。

パソコンソフトの発達で、企画・提案書がどんどん華やかになってきています。きれいなレイアウトで、見た目にもわかりやすい。しかし、企画する時間の多くをパワーポイントの見栄えをよくするために費やしてしまうのは本末転倒です。

やるべきは、プレゼン当日の30分に、何をどう語れば、私たちの趣旨がわかってもらえるのか。どう強みを発揮できるのかを考えること。

つねにプレゼンターになった気持ちで書き進むべきです。

得意先にこんなことを言われたことがあります。

「各社ともプレゼン内容にそんなに差はないんだよ。勝っても負けても、51対49。1点の差なんだ。でもこの1点が大きい。その差は、我々のためにどれだけ話し合ってきたかなんだ。企画書にはそれが出る。プレゼンに臨む顔つきにそれが見えるんだ」

自己満足ではなく、プレゼン当日に強い企画・提案書をつくりましょう。

エントリーシートは、企業と同じ方向を向いて書く

明治大学の教壇に立ってから今年で5年。それ以前にもさまざまな大学で講義をしてきました。学生と仲よくなれば、「就活」の話になる。「エントリーシートを見てください」と言われるようになります。

「エントリーシート」に関しては、テクニックばかりが先行しているようです。情報過多になりすぎていて、誰もが同じような書き方をしてくる。

情報をかき集め、自己分析に精を出すほど平凡なエントリーシートになる傾向があります。

また、「大学時代よりも過去のことを書いたら通らない」「バイトでも部活でも、具体的にどれくらい数字（成果）を挙げたかを示さないと相手にされない」など、大

学生だけの「都市伝説」めいたものがある。

誰かがつぶやいたり、心ない「就活で儲けようとしている大人」の言葉が拡散されたりしてしまうのでしょう。

何よりも必要なのは、こうした情報に左右されない強い心です。

企業と同じ方向を見る

『星の王子さま』を書いた、サン・テグジュペリは、こんなことを書いています。

「愛とは、おたがいを見つめ合うことではなく、ともに同じ方向を見つめること」

じつは、「エントリーシート」を書く際に必要な考えも、この言葉と同じなのです。

大切なことは「同じ方向を見ること」。

つまり、「私がこの会社に入れば、こんなことやあんなことができる」と、その会社の社員と同じ方向から未来を見つめること。

自分が貢献できること、そして、それによって想像される未来を語ることが大切です。

名門女子大に通っている学生がいました。

就活の相談にきたのですが、ルーズリーフの横に小さな文字でメモを書き留めているだけ。自信がまったくありませんでした。

「私は、3年間、部活もバイトも何もできませんでした。家に介護老人がいて、早く帰らなければいけなかったんです。だから、エントリーシートに何も書けません」

と言うのです。

彼女は、3年間も老人介護をやってきた実績に気づいていません。

そこで私が教えたのは、「もし、私がこの会社に入ったら、3年間老人を介護してきた実績で何に貢献できるか」を考えることでした。

次に彼女と会ったときに見たエントリーシートは、一流ホテルに向けたもの。そこには天候によって母親の食欲がどのように変化したかを例に出し、「高齢者を対象」としたケアに貢献できることが自信たっぷりに書かれていました。

一流ホテルといえば、グローバル化を目指し、英語力と国際的なセンスが求められると考えがち。しかし彼女は、高齢者に対する自らの貢献を語り、早々に「超」のつく一流ホテルから内定をもらったのです。

企業に合わせてエントリーシートを書き換える

彼女に、ほかの企業に提出したエントリーシートも見せてもらいました。すべて「高齢者」に対する自分の貢献について書かれています。しかし、書き方や使っている単語が微妙に違います。

彼女は私が指示したとおり、**企業のウェブサイトを見て、社長の言葉、スローガン、力を入れている分野などを洗い出し、それに合わせて高齢者に対する自分の貢献を書き換えていました。**

内定のとれない学生は、自分のエピソードをひとつまとめると、それをどの企業にもあてはめようとします。

銀行に出したものをＩＴ企業にも流用する。「先端技術」を目指す企業にも、「グローバル化」に重きを置く企業にも、同じ内容のエントリーシートを出します。

なかには、いい企業に就職した先輩のシートをそのままコピペして出す輩までいると学生から聞きました。

申し訳ないけれど、社会はそれほど甘いものではありません。

企業人は、それが自社にのみ向けられたものか、自分の経験に則って書かれたものかを瞬時に識別します。

入りたい企業と「同じ方向」を向いてください。

未来に向けて、自分ならどんな貢献ができるかを考えてください。

そうすれば、横並びの就活から抜け出すことができます。

手紙は、四部構成で書く

「ここいちばん」というときの手紙の効力は、抜群です。

編集者の中には、ネット全盛期の今でも手紙で原稿依頼をしてくる人がいます。

私も一度、手書きの手紙以外は依頼を見ないという著名な方に向けて書いた経験があります。形式的な堅苦しいのもいけないし、やわらかすぎるのもいけない。1週間くらいかけて書いた覚えがあります。

後日、仕事を受けてくれることになり、「いい文章だった」と言われたときは、報われた気持ちになりました。

手紙を書くコツは、四部構成で書くことです。

①時候のあいさつ

はじめは、時候のあいさつです。

日本人は、花の咲き具合や暑さ、寒さを通じて共感を育んできた民族です。これをはずしたとたん、殺伐とした、感性の鈍い手紙になります。しかし、「桃の香り麗しい春分の候」などと定型文を書いたのでは堅苦しくなるだけです。

私は学生たちに**「今日感じた季節を書き込め」**と指導しています。

ある小学生は、夏休みが終わるころの手紙に「道路に蝉の死がいがいっぱい落ちていました」と書きました。

また、ある女の子は「昨日、母がシチューをつくってくれました」と書きました。

毎週たくさんの子どもから手紙をもらいますが、見事に季節を切り取ってきます。

あなたも、松尾芭蕉にでもなったつもりで、季節を自分なりに切り取りましょう。

②現状

時候のあいさつを書いたら、次に、現状を伝えます。

ここは、気持ちを切り替えて、ジャーナリストになってください。自分の現状を「5W1H」を駆使して的確に伝えましょう。現在、どこで、誰と、またはどんな組織で、何をやっているのか。的確に書いていきます。

ここでのポイントは、感情や感想を入れないことです。

相手にはあなたの状況がまだ伝わっていません。そこに感情を持ち込まれても理解できません。客観的に書きましょう。

③本音

3番目は、本音。手紙の中で、最も大切な部分です。

「じつは」「本音を言えば」ではじまる、あなたの心情を書きます。

とはいえ、いくら本音だからといって「ぶっちゃけた話」に続くような開き直りや愚痴はいけません。

あくまでていねいに、相手の心情の変化を考えながら書いていきます。

④思いやり

最後は、思いやりでしめます。

相手の状況、体調に気を使い、またお会いしたい旨を書きましょう。

例文を示してみます。

朝、犬を連れて海岸を散歩しておりました。まだ2月だというのに、空には霞がかかっている。風が止まると潮の中に春の匂いがありました。次の季節が交じるなか、お元気にお過ごしでしょうか。

私は現在、京都の大学から誘いを受けて、半年間、「広告と言葉」という講義をやっております。学生の数は約100名。一限の講義ですが欠席者はほとんどおりません。

正直なところ、私の能力では学生に語れる範囲に限界があります。ネット広告の現状をもっとリアルに伝えたいのですが、日ごろの不勉強がたたって語れるほどの言葉がありません。

そこで、大変お忙しいとは存じますが、私の代わりに「ネット広告の現状」について一講座、語っていただきたいのですがいかがでしょう。

日程は先生の都合に合わせることが可能です。詳細はまたお電話を差し上げます。

暖かい日が増えてきたものの、来週にはまた雪が降るとか。

どうぞ、風邪など召さぬようお気をつけください。京都で一献傾ける日を楽しみにしています。

あなたも手紙を書いてください。相手思いの文章が書けるようになりますよ。

お詫び文では、お詫びできない

お詫び文を書くときは、「お詫び文だけでは、お詫びできない」と心得ておくべきです。すべての謝罪をこの文章で終わりにする。そんな虫のいい話はありません。その程度ですむのであれば、先方もそんなに怒っていないはずです。

お詫びは本来、先方に直接会って、頭を下げるもの。「お詫び文」は、その露払いのようなものだと考えましょう。

人に許しを乞うのは、それほど難しいのです。

まずは、一刻も早くお詫びすることです。手紙を書く暇などありません。メールでかまわないので、とにかく謝りましょう。

「お詫び文の書き方」などと検索すれば、いくらでも定型文が出てきます。しかし、これをコピペしてしまうと「こいつ、例文を丸写しにしてきたな」と、先方の怒りをさらに買うことになるでしょう。

お詫び文の書き方です。

①謝罪

まず、冒頭で、こちらの非を認めること。

前置き抜きで「このたびは、私の不手際で、御社に多大なご迷惑をおかけしてしまいました。誠に申し訳ございませんでした」と、**「こちらが悪いこと」と「申し訳ない」という言葉が、まず相手の目に入るように書くことです。**

②狼狽

「申し訳ない」という文章の次には、自分の心情を書きます。

製品に不具合が生じたこと、自分の判断ミスで迷惑をかけてしまったこと、相手の心証を害するようなひと言を言ってしまったこと。

それに対する自分の心情は、ショックで手が震えたり、恥ずかしくて穴があったら入りたくなったり、食事が喉を通らなくなったり、悔し涙が出たりといろいろでしょう。先方の信頼を失ってしまった自分の個人的な狼狽を短く書き込みましょう。

お詫び文は、気持ちにゆとりがないことを示したほうが効果的です。

ただし、あまり長くは書かないように。おどおどするばかりで、さらに信頼を失ってはいけません。

③状況分析

ここまできて、やっと状況分析です。

なぜ失敗したのか。なぜそのような言動を許してしまったのか。なぜ製品調達に遅れが生じたのか。この部分は、狼狽から一転し、沈着冷静に原因を調べていることを書きます。

書くのはあくまで状況分析です。許してもらうための「言い訳」ではありません。

本音に「こちらは悪くない」なんて気持ちがあると、すぐに「あぁ、こいつ、弁解しているな」「本気で謝っていないな」と悟られます。自分の思いをなるべく入れず、客観的な状況を書いていきましょう。

④希望

文章の最後は必ず、相手の「読後感」を考えます。読み終わったあとに「許してやろうかな」という気にさせるには、どのように書き終えればいいのでしょう。

答えは、「希望」です。

再び信頼してもらうために、猛スピードで、一致団結して、一生懸命、誠心誠意、二度と過ちを繰り返さないようにと誓って、再び動きはじめている。

だから、「どうか今後とも変わらぬご指導のほどよろしくお願い申し上げます」と関係がこれからも続くことに希望を持っている旨を伝えて終わりにします。

ひとつ例を挙げましょう。

いわゆる「お詫び文のテンプレート」を使わずに、個人のおつき合いを大切に考えたときの例です。

いつも大変お世話になっております。

2月13日までというお約束でお引き受けしました、連載コラムの原稿納品が遅れてしまったこと、深くお詫び申し上げます。

「締め切りを守ってこそ、プロ」と日ごろから戒めているだけに、自分を恥じ、田中様に、ご迷惑をおかけしたことを昨夜からずっと悔いております。

原因は、私の単純な凡ミスです。

間違った締切日を手帳に書き込んでおりました。

二度とこのようなミスで、田中様にご迷惑をかけないよう努力してまいります。

幸い、原稿の構成はできておりますので、大急ぎで仕上げ、2月15日の午前中に必ず御社にお届けいたします。

勝手ばかり申し上げ、誠に申し訳ございません。

今後も、よい原稿を書くことに専念してまいりますので、何卒よろしくお願い申し上げます。

ひきた　よしあき

「謝罪」「狼狽」「状況分析」「希望」。この4要素を忘れないでください。

ただ、冒頭に書いたとおり、メールによる「お詫び文」ですべては終わりません。すぐに書面で手紙を出す、実際にお会いして頭を下げるといった行動を起こしましょう。

「もっと早く、もっと深く、もっと頻繁に」行動を起こせるようになる。この心の持ち方で「お詫び文」はどのような色にも変化します。

礼状は、場面を描く

「伊香保の紅葉を貰って面白いから机の上に乗せておいたら、風がさらって行って仕舞った。どこをたずねてもない」

夏目漱石が書いた秋の手紙の一文です。漱石に紅葉を贈った人がこれを読んだらどう思うでしょう。漱石に渡した紅葉はすでに消えています。どこにもありません。それでも「手渡してよかった！」と思うのではないでしょうか。

短い一文ですが、この紅葉を気に入った漱石の気持ちが伝わります。面白いから机の上に乗せ、紅葉が消えたあとに探しまわっている。心を奪われた漱石が、どれほどこの紅葉に時間を使ったかが示されているのです。

礼状の極意は、ここにあります。

贈られた品物、手を貸してくれた行為、励ましてくれた言葉に対して礼を言う。「ありがとう」ではあたり前。

「うれしかった」「おいしかった」「気持ちがラクになった」「家族みんなで味わった」と書いたところで、贈った人は「本当に役に立ったのかな。言葉だけのお礼じゃないのかな」と疑心暗鬼になるばかりです。

お礼は、「贈られたものをどのように活用したのか」を書きます。

どのくらい時間をかけ、どのように活用し、どんな楽しい思いをしたのか。その様子を映画のワンシーンを描写するように書きましょう。

例えば、あなたが愛媛の方からみかんを送られたとします。

「おいしいみかんを送っていただき、ありがとうございました」だけでは、義理をはたしただけの礼状です。

「風邪ひき体質の私にとって、ビタミンCは、何よりの冬のごちそうです」と書けば、いいタイミングで好みのものを送ってくれた喜びは伝わります。しかし、これだけでは実際に食べたかどうか、わかりません。

届いた次の日から、毎日朝食のときに家族でいただいています。冷たさと甘さと、ほどよい酸っぱさで目が覚めます。新鮮なビタミンCを身体に入れていると思うと、風邪ひきだらけの満員電車も、ちょっと怖くなくなります。

おかげさまで家族全員みんな元気で、長女は「ゼリーみたいだね」と言いながら、指を黄色くしています。

と、みかんをいただいてからの日々を描写していきます。

いただいたものを実際に食べたり、活用している場面を伝えるのが礼状なのです。

実際にみかんを味わった体験は、100回の「ありがとう」よりも、相手にお礼の気持ちを伝えることができます。

「あなた」や「相手の名前」を多用する

もうひとつ、コツがあります。

「あなた」や「相手の名前」を多用すること。

ただの愛媛みかんではなく、「あなたが送ってくれたみかん」であることを強調する。「あなたからのみかん」だから「格別においしい」という気持ちで、礼状を書きましょう。

お礼状も最近は、メールですませる機会が増えました。

お礼もお詫びも早ければ早いほどいいものです。だから、まずはメールで無事に届いたこと、送ってくれたことへの感謝を述べる。これはけっして悪いことではありません。無事に届いたことを知り、相手も安心するでしょう。

ビジネスライクにすませるならばこれで十分です。

しかし、あなたが先方とプライベートを含めた人間関係を構築したいと思うなら、面倒でも葉書1枚の礼状を書くべきでしょう。

「無事に届いた報告」「感謝の気持ち」を伝えると同時に、その品や言葉をどのように活用したかを書く。それによって自分や家族がどう変わったのかを前向きに書いていく。

こうしたひと手間を欠かしてはいけません。

30年近く就活の学生を見ています。

志望する会社に入る学生と、ＯＢ訪問のあとに葉書で礼状を書く行為との間には相関関係があるように思います。

私のアドバイスを葉書1枚にまとめるだけの要約力と、お礼の気持ちを葉書に認める気遣いがある。

これが身についている時点で、人思いのキッチリした性格であることがわかります。

企業もそこを見るのでしょう。

メールは「業務優先」と割り切ろう

「会社に入って、メール文化なのに驚きました」

入社したての学生からよく聞く話です。

ＬＩＮＥで連絡をとり合うことの多い彼らからすれば、メールは生活から遠いもの。セキュリティ対策が進み、フリーメールを不可とする会社も増えてきました。メールは、形式張った公式書簡を書く場になってきたのでしょう。

しかしメールは、紙にプリントアウトするほど儀礼的なものではありません。あくまで業務優先。相手に内容を効率的に理解させ、具体的な行動を起こしてもらうための情報を流す手段です。

極力、無駄な表現を避け、「何をしてほしいか」「どう動いてほしいか」が伝わるように心がけましょう。

読まれるメールはタイトルが違う

まずは、タイトルです。

少し時間を空けるだけで、未読メールで画面が真っ赤になります。相手がその中から「重要だ」と判断するのは、「タイトル」に書かれた内容でしょう。

何度も同じタイトルで、「Re：」「Re：Re：」となっているメールは後まわしになります。

そうならないためのタイトルづけのコツは、【変更】【集合】【ご相談】【ご依頼】など、何を目的としたメールなのかを明らかにすることです。

ただし、【重要】【緊急】などは、書く人が多いのであまり効果はありません。

なお、タイトルは、20文字以下を心がけましょう。

「○○様スピーチ原稿　第2稿」「○○プレゼン日程のご相談」など、直感で「あぁ、あの件か」とわかるように書きます。

自分にとっては重要な案件でも、相手にとっては多くの案件の中のひとつにすぎません。相手の身になってひとりよがりの文章にならないよう気をつけましょう。

あいさつは短く。本文は結論から

次にあいさつです。

本文のあいさつは短くする。私は、社外の人に対しては「お忙しいところ、申し訳ございません」。社内の人に対しては「お疲れ様です」に決めていて、文章を丸ごとパソコンに登録しています。メールはあくまで業務連絡と割り切っているのです。

さて、本文です。

1行目は、タイトルと連動させて、結論を書きます。

例えば、タイトルが「【ご相談】○○社コピー再考の日程調整」だったとします。すると本文の出だしは、「お疲れ様です。○○社のコピーにつき、再考してほしいとの要請がありました」となります。

タイトルと1行目で、相手が行動を起こせるように、2つを連動させるこ

とが大事です。

そのあとは、本題の日程調整です。

> お疲れ様です。
> ○○社のコピーにつき、再考してほしいとの要請がありました。
> つきましては、来週火、木のスケジュールで日程調整を行います。
> 空いている時間がありましたら4時までに返信してください。
> お忙しいとは思いますが、よろしくお願いします。

文末がわかるように、最後に名前を入れることも忘れずに。

ギスギスした感じになるのを恐れるならば「ありがとうございます」「よろしくお願いします」を多用しましょう。

この2つを利用するだけで、無駄なく、親密な空気を保てます。

ＳＮＳは「大勢の中のあなた」に向けて「肉体語」で書く

人生を振り返り、「自分に革命を起こしたツールは何か？」と問えば、私は間違いなく「スマートフォン」をいちばんに挙げます。

サラリーマンを続けながら本を書いたり、大学や小学校で授業ができるのも「スマホ」のおかげ。

電車に揺られて5行書き、会議の前に2行書き、風呂で5行、ベッドで4行と細切れの文章を積み重ねてコラムにする。こんな芸当は、スマホがなければできません。

フェイスブックにコラムを掲載したとたん、「いいね！」が表示されます。

私のコラムは１０００字近くありますから、最低でも読むのに3分はかかります。

発信と同時に「いいね！」を返してくれる人は、気持ちはうれしいのですが、間違いなく読んでいないでしょう。

いろいろなコラムに、まとめて「いいね！」を押してくる人もいます。連続して押されているのを見ていると、この人も読んでいない。

コメントを書いてくださる方の中にも文章の中の一文や一単語を見て、書き込まれる方がいる。きっと「読む」というより「見ている」に違いありません。

私は、けっしてこの人たちを否定しているわけではありません。私も同じような読み方をしています。

スクロールされる文章の8割近くは無視。ふと気になる単語や写真が出てきたら指を止めます。一文で気に入れば「いいね！」を押す。そんな感じです。

「読む」というよりは「見る」感覚で文章を眺め、自分が共感できるものを直感で選ぶ。

これがSNSの基本的な読まれ方です。

さて、SNSに文章を書くにはどうすればいいでしょうか。

以下は私が気をつけていることです。

SNSに文章を書く際の3つのポイント

ひとつは**「ひとりに向けて書く」**ことです。

不特定多数に向けて書いているコラムでも、「これは受験生の母親に向けて」「これは就活生に向けて」と必ず読んでほしい読者を明確にし、解決策を盛り込むようにしています。

多くの場合は、もう一歩進んで「あきのちゃんへ」「西岡さんへ」と相手を特定して書きます。これを私は「大勢の中のあなたへ」向けて書くと説明しています。

読む人を限定するので、離れていく読者も多い。しかしそのぶん、支持してくれるコミュニティは強固なものになっていきます。

2つめは、**「読み手の環境を考えて書く」**ことです。

相手がぎゅうぎゅうの満員電車の中でスマホをいじっていたとする。

東京の地下鉄なら、ひと駅4分近くこの状態が続きます。そんな状態でコラムを読めば、スクロールもはやく、雑になるでしょう。

そんなときは、「この一文だけは読んでほしい」と思うパラグラフの間隔を広くとります。

「鍋は、湯気までがごちそうです」「読書で知性の肺活量を増やせ」「見た目とは、6秒のこと」など、コラムの中でいちばん読んでもらいたい一文を、相手に合わせて冒頭に書いたり、中盤に持ってきたりしています。

最後は、**「肉体語で書く」**こと。

読まれないコラムの特徴は、コピペした文章にちょこっと感想を述べたようなもの。大半は人の借りものだから、感想に実感がありません。

逆に、読んでもらえるコラムは、自分の苦労や失敗などの経験、あるいは読んだり、聞いたりしたのちに自分で考えたこと。

一度自分の肉体を通して出てきた「肉体語」で書かれた文章は共感を呼びます。

「肉体語」を身につけるには、他人の「肉体語」をよく聞くことです。タクシーの運転手さんの話に面白いものが多いのは、本で読んだ知識ではなく、実際に経験したり、ラジオを聴きながら自分で考えた話が多いからでしょう。

聞いていて飽きません。

1日中立ち仕事をしている料理人の腰痛対策。新任教師が生徒と交わす日記の苦労話。こうしたものはみな、肉体を通った言葉だから面白いのです。

母からよく戦争の話を聞きました。

「爆風がすごくて、みんな踊るようにして逃げた」「駅が燃えているのを見たとき、渋谷が壊れるかと思った」。それは戦争で家を失った母の「肉体語」でした。だから長く忘れられないのです。

SNSに文章を書く目的は人それぞれでしょう。しかし、「大勢の中のあなた」に向かって「肉体語」で書くものだと考え、相手の環境を思い描きながら書くのが大切なことに違いはありません。

キャッチコピーは「特定の個人に届く言葉」を選ぶ

「ひきたさん、『大勢の中のあなたへ』とか『机の前に貼る一行』みたいなタイトルじゃ本は売れませんよ」

仲のいい編集者に言われました。『大勢の中のあなたへ』『机の前に貼る一行』は、私が以前書いた本のタイトルです。

ムッとしながら話を聞くと、なるほど一理あります。こういう内容でした。

「今、本の多くはネットで買われます。本屋にいってパラパラと本をめくり、内容をたしかめて購入する機会がどんどん減っています。こうなると購入のきっかけになるのは、書名です。『この本は私にとって何が得か』『どれだけ手軽に、たくさんのことを身につけることができるのか』これが本を買う基準になります。だからどの本も『3時間で身につく』とか『驚異のテクニック』みたいなタイトルがついてるでしょ。

実際、ああいう本が売れるんです」

弁解しておくと、私の本は「朝日小学生新聞」に連載されているコラムをまとめたものなので、こうしたタイトルになりました。決まった媒体、読者に向けた本なので、今時の売れる本とは一線を画しています。

しかし、編集者の言葉は傾聴に値します。販売の方法が変われば、売れるタイトルやコピーの書き方も変わってくる。あたり前のことです。

購買の多くを、タイトルから想起される効果効能、「いいね！」の数、カスタマーレビューの内容で決定していく。こうした時代に即した書き方があるはずです。

前項でも書きましたが、**まずは大勢の人がいる中で、特定の個人に向けててい ねいに書いていく。この姿勢が大切です。**

「大勢いる運動不足の人に、ストレッチを教える」というよりも、

「肩甲骨が硬くて背中まで手がまわらないあなたに『背中で手と手をつなぐコツ』を教えます！」

「開脚できないあなたを4週間で開脚できるようにします！」

と言ったほうが、「あ、私のための本だ！」と思えます。

同じように「姿勢をよくしたい」よりは、「猫背を治す」「背を3センチ高くする」と言ったほうが、メリットをはっきり伝えることができます。

「ズバッと病」から抜け出そう

「ズバッと病」を知っていますか？

50代の上司が部下に文章やコピーを注意するとき、「もっと、ズバッとしたのはないのか？」というところから命名されたそうです。

「ズバッとしたもの」「グッとくるもの」「じーんとするもの」「ドスンとくるもの」。

要するに「インパクトのある言葉を書け」ということです。

同世代としては、上司の気持ちもわかります。「コピーライターブーム」があり、テレビとともに成長してきたからです。しかし、時代は変わりました。

大学で、80年代の名作コピーを学生に見せたとき、「どこの企業が何を宣伝しているのかわからない」「考えさせるところが偉そう」「思い入れたっぷりで、昔の人が好きそうな言葉ですよね」とさんざんな言われようでした。

商品を検討する際も、今が他社商品との比較検討段階なのか、支払いのことを気にしているところなのかを分析され、そのＴＰＯに合わせた広告がパソコンの画面に届く時代です。

大雑把なインパクトや勢いだけの言葉では伝わらない時代になっているのでしょう。

書くべきは、大雑把なインパクトを狙うものではありません。きちんと特定の人に届く言葉です。

「誰にどんな貢献をするのか」「誰の問題をどう解決するるか」が明快なコピーです。

ネットの中の言葉は「インパクト過多」。

それに紛れ込まないように、「猫背」「開脚」「あと3センチ」など、届けたい人が望んでいる言葉を見つけ出し、「その悩みを解決する」「その夢を実現する」ための商品やイベントなのだと伝えてください。

あなたも「ズバッと病」から抜け出し、特定の個人に届くコピーを書いてください。

column

仕事は「完璧」を目指さない

「まだ完璧じゃないので、提出できませんでした」

期日に間に合わなかったとき、あなたはこんな言い訳をしていませんか。

「最後まで考え抜いて、完璧なものに仕上げたい」たしかに大切な気持ちではあります。しかし、ビジネスで優先されるのは、完成度ではなく締め切りです。その期限内にできあがっているものがすべてなのです。

これがわからず、私も苦労しました。中途半端なものを見せるのが恥ずかしくて提出できないのです。「早く見せろ！」と先輩に言われるのが怖くて逃げまわっていた時期もありました。

ところがある日、先輩にこう言われたのです。

「〝とりあえず〟とか〝ひとまず〟とか、曖昧な言葉を使ってでも書けたところまで見せるのがプロだ」

はっとしました。

「とりあえず」とか「ひとまず」とか、言い訳をしないのがプロだと思っていたからです。

しかし、それは違いました。ビジネスはひとりでやるものではありません。多くの立場の人間が携わる共同作業です。ひとりが「完璧」であっても、全体が「完璧」であるとはかぎりません。むしろ期日に提出しないことによって、多くの作業が遅れることのほうが問題なのです。

怖がっていてはいけません。仕事は足りない部分を人から指摘される「イタ気持ちいい」くらいがちょうどいいのです。

「とりあえず」「ひとまず」の企画書やレポートを積極的に提出しましょう。

コツがあります。

企画書やレポートを「ニュースレター」と考えて、番号を振っていきます。

じつは私が今書いている原稿も、「とりあえず」できた段階で、「第1稿」として編集者に送っています。すると必ずいいところ、削除すべき点、書き足す方向などのアドバイスをもらえます。

褒めてもらうとうれしいし、至らぬ点を指摘されれば勉強にもなります。批判されても、ムカッとしない素直さが要求されますが、慣れてしまえばなんてことはありません。進みながら強くなると決めれば、いくらだって人に見せられます。

「本日のニュースレター　Vol．3」みたいな気分でどんどん書いて、見せていく。

こうしていると自分の書いたものに小さくこだわることがなくなり、公平な目を養うことができるようになります。

広告制作の場合、コピーライターとデザイナーが組んで仕事をするケースが多々あります。このコンビは秀逸で、たがいの専門分野が違うぶん、気軽にアイデアやコピーを語り合うことができます。私が書いたものを、デザイナーに見せる。すると「否定的な単語が入っているのが嫌だ」みたいな返事がくる。

内容のことばかり考えていた私には気づかないポイントでした。デザインラフを見ると、たしかに内容は正しいのですが、パッと与える印象がネガティブでした。

こうしたチームワークこそが、クリエイティブの本質です。

芸術作品をつくっているのなら、ひとりでやる意味もあるでしょう。しかし、ビジネスの場では情報交換と気持ちのスキンシップで品質が向上すると心得ましょう。

作家の村上春樹さんは、書いたものをすぐに奥様に見せると書いていました。いちばん厳しい読者を近くに置いていたのです。

あなたもすぐに企画書やレポートを読んでもらえる仲間をつくってみてはいかがでしょうか。「とりあえず」「ひとまず」で語り合える友人です。

会社の先輩や上司と、こういう関係をつくっているあなたは幸せです。

部下がいる人の場合、「とりあえず」「ひとまず」と部下が書いたものを、「なんだ、ここまでしかできてないのか！」「俺には完璧なものを出せ！」なんて言わずに、進捗状況をしっかり読み込むようにしましょう。

人は危機感を共有することで団結するのです。

とりあえずの企画書は、きっと「団結のタネ」になるはずです。

おわりに

若いころ、父が私の留守中に下宿にきました。散らかり放題のこたつの机に、書き置きを残していったのです。

パパ、来た。
万事ＯＫのよう。めでたし。
但し自分の体力は、計算する事。
一日休まぬため、一年休むことあり。
吉昭よ、幸いなれ。

原稿用紙の裏にマジックで大書きされた言葉を読んで、私は涙がとまりませんでした。独特なリズムの中に、子を思う親の気持ちがにじんでいます。若いころに詩や小説を書いていた父。この文章が、私の文章修業の出発点になりました。

文章は、時代によって変わります。

80年代のコピーライターブームの時代に広告会社に入った私が、大学の講義で当時のコピーを取り上げると学生たちは首をかしげます。

「そんなの検索できませんよ」「グーグル翻訳しても英訳できません」「上から目線で嫌い」そんな言葉が返ってきます。

「それじゃ、みんなが好きなコピーは？」と質問すると、大抵は、グローバル企業が掲げる誰にでもわかる英語で書かれたコピー。このほうが、意味が伝わるというのです。

さらに、2020年の教育改革を迎える子どもたちの作文能力の高さには驚くばかりです。記述式の問題が増えた彼らの、「読む力」「書く力」は高く、なかには大人顔負けの論文や小説を書く子もいる。

こんな世代の人たちから、私は学ぶばかりです。私の文章修業は、一向に終わらないのです。

この本は、そんな修業の道半ばに書いたものです。子どものころから教える立場になった今に至るまで、「これは役に立った」「これで文章が変わった」と思えるノウハウを集めてみました。どれもが一度、私の身体を通して実践されたものです。実際に役に立ち、長く続けているもの。子ども、学生、大人に教えて、成果が挙がったものだけを厳選しました。

この本を書くにあたっては、多くの方にご支援、ご援助をいただきました。

私の書いた原稿の良い点、悪い点、足りない点を的確に指摘してくれた、かんき出版の重村啓太さん。じつに楽しい仕事をさせていただきました。

ハワイ大学名誉教授の吉川宗男さん。彼の著書『出会いを哲学する』から私は、自分の半生の中で学んできたことを文章にする術を学びました。

同期同窓で、つねに私を助けてくれる博報堂・執行役員の立谷光太郎さん。

私に、運と笑顔とタイミングを教えてくれたDr.コパこと小林祥晃さん。

さらには86歳を迎え、満身創痍の身体でありながら、染み入るような食事と清潔なベッドを欠かさず用意してくれる母。私の書くものすべてに目を通し「これは上手に書けている」と言われる喜びは、子どものころから変わることがありません。

ＡＩの導入が進んだ社会。そこではコミュニケーション能力が、人間に残される最後の砦になるでしょう。インターネットの発達で、言葉の価値や役割もどんどん変わっていきます。

私も怠けることなく、言葉の修業を続けなくてはいけません。

その途中で、あなたに教えたいノウハウが出てきたら、また本にまとめます。

その日まで、お元気で。

あなたよ、幸いなれ！

ひきた　よしあき

【著者紹介】

ひきた　よしあき

◉――博報堂スピーチライター、クリエイティブプロデューサー。
1984年、早稲田大学法学部卒。学生時代より「早稲田文学」学生編集委員。NHK「クイズ面白ゼミナール」クイズ制作などで活躍。1984年、博報堂に入社し、CMプランナー、クリエイティブディレクターとして、数々のＣＭ作品を手がける。

◉――その後、おもに行政の仕事を担当するようになり、現在では、政治、行政、大手企業などのスピーチライターを務めている。氏の書くスピーチは、依頼者の発言の要点を見事にとらえ、人の心を動かすと、多くのエグゼクティブから絶大な信頼を得ている。

◉――また、明治大学、慶應義塾大学、日本大学などで、「広告コミュニケーション」「日本語のもつ潜在的なちから」をテーマに講義や講演を行うほか、「朝日小学生新聞」に長年コラムを寄稿するなど、若者に日本語の潜在能力や素晴らしさ、コミュニケーションの重要性を伝えている。著書に『大勢の中のあなたへ』『机の前に貼る一行』（ともに、朝日学生新聞社）、『あなたは「言葉」でできている』（実業之日本社）などがある。

博報堂《はくほうどう》スピーチライターが教《おし》える
短《みじか》くても伝《つた》わる文章《ぶんしょう》のコツ　〈検印廃止〉

2018年３月５日　第１刷発行
2018年４月11日　第３刷発行

著　者――ひきた　よしあき
発行者――齊藤　龍男
発行所――株式会社かんき出版
東京都千代田区麴町4-1-4 西脇ビル　〒102-0083
電話　営業部：03(3262)8011㈹　編集部：03(3262)8012㈹
FAX　03(3234)4421　振替　00100-2-62304
http://www.kanki-pub.co.jp/

印刷所――図書印刷株式会社

ISBN978-4-7612-7324-8 C0030